Creación de elementos gráficos

Inmaculada Villagrán Arroyal

Creación de elementos gráficos
© Inmaculada Villagrán Arroyal

1ª Edición

© IC Editorial, 2025

Editado por: IC Editorial
c/ Cueva de Viera, 2, Local 3
Centro Negocios CADI
29200 Antequera (Málaga)
Teléfono: 952 70 60 04
Fax: 952 84 55 03
Correo electrónico: iceditorial@iceditorial.com
Internet: www.iceditorial.com

ISBN: 978-84-1184-555-7
Depósito Legal: MA 73-2025

Impresión: PODiPrint
Impreso en Andalucía – España

Nota de la editorial: IC Editorial pertenece a Innovación y Cualificación S. L.

Presentación del manual

El **Certificado de Profesionalidad** es el instrumento de acreditación, en el ámbito de la Administración laboral, de las cualificaciones profesionales del Catálogo Nacional de Cualificaciones Profesionales adquiridas a través de procesos formativos o del proceso de reconocimiento de la experiencia laboral y de vías no formales de formación.

El elemento mínimo acreditable es la **Unidad de Competencia.** La suma de las acreditaciones de las unidades de competencia conforma la acreditación de la competencia general.

Una **Unidad de Competencia** se define como una agrupación de tareas productivas específica que realiza el profesional. Las diferentes unidades de competencia de un certificado de profesionalidad conforman la **Competencia General,** definiendo el conjunto de conocimientos y capacidades que permiten el ejercicio de una actividad profesional determinada.

Cada **Unidad de Competencia** lleva asociado un **Módulo Formativo,** donde se describe la formación necesaria para adquirir esa **Unidad de Competencia,** pudiendo dividirse en **Unidades Formativas.**

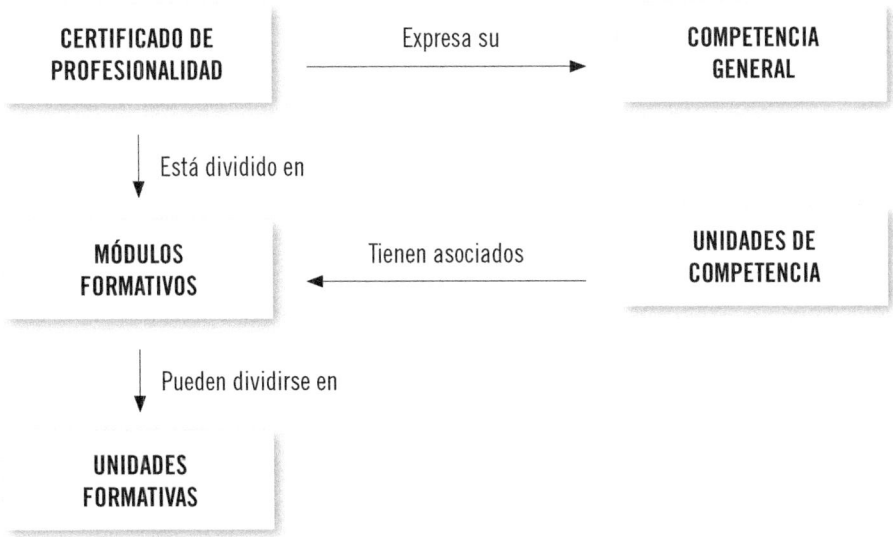

El presente manual desarrolla la Unidad Formativa **UF1459: Creación de elementos gráficos,**

perteneciente al Módulo Formativo **MF0697_3: Edición creativa de imágenes y diseño de elementos gráficos,**

asociado a la unidad de competencia **UC0697_3: Tratar imágenes y crear elementos gráficos con los parámetros de gestión del color adecuados,**

del Certificado de Profesionalidad **Diseño de productos gráficos.**

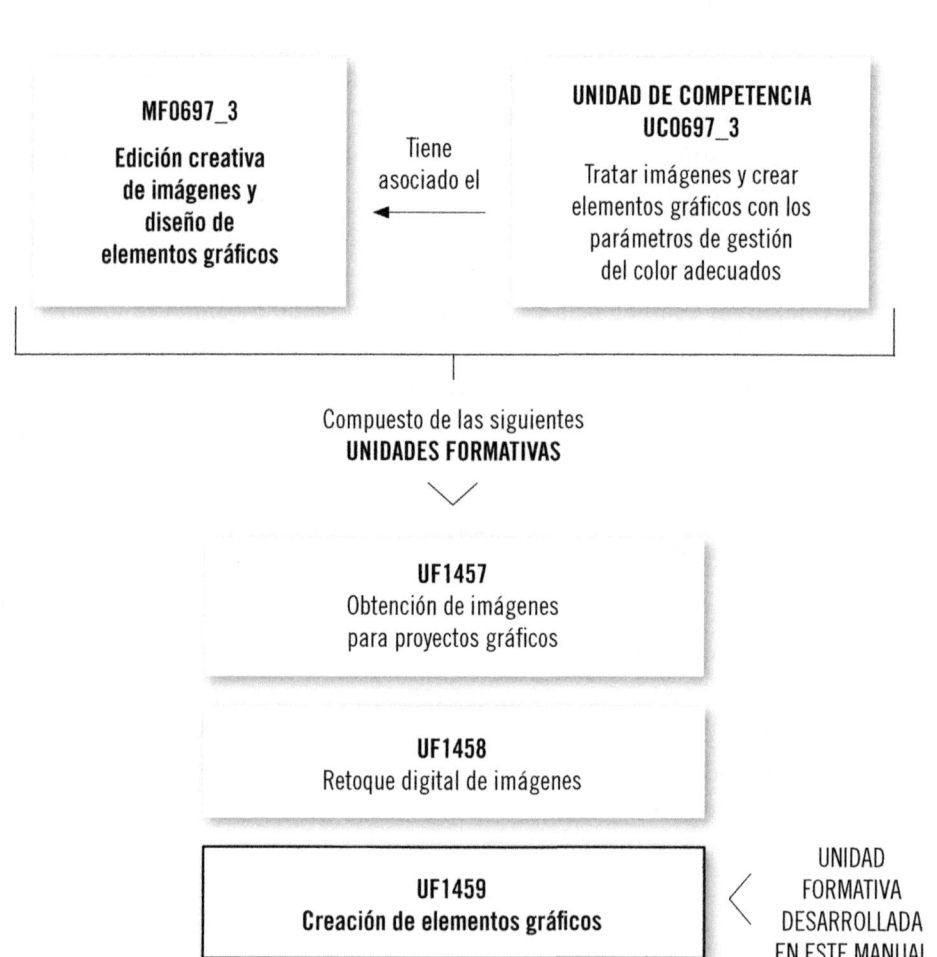

FICHA DE CERTIFICADO DE PROFESIONALIDAD

(ARGG0110) DISEÑO DE PRODUCTOS GRÁFICOS (R. D. 1520/2011, de 31 de octubre)

COMPETENCIA GENERAL: Desarrollar proyectos gráficos a partir de las especificaciones iniciales del producto; elaborando bocetos, seleccionando y adecuando color, imágenes y fuentes tipográficas; creando elementos gráficos, maquetas y artes finales; utilizando herramientas informáticas; realizando presupuestos en función de las características del proyecto y verificando la calidad del producto terminado.

Cualificación profesional de referencia		Unidades de competencia	Ocupaciones o puestos de trabajo relacionados:
ARG219_3 DISEÑO DE PRODUCTOS GRÁFICOS (R. D. 1228/2006 de 27 de octubre)	UC0696_3	Desarrollar proyectos de productos gráficos	- Diseñador gráfico - Grafista - Maquetista - Arte finalista
	UC0697_3	Tratar imágenes y crear elementos gráficos con los parámetros de gestión del color adecuados	
	UC0698_3	Componer elementos gráficos, imágenes y textos según la teoría de la arquitectura tipográfica y la maquetación	
	UC0699_3	Preparar y verificar artes finales para su distribución	

Correspondencia con el Catálogo Modular de Formación Profesional

Módulos certificado	Unidades formativas	Horas
MF0696_3: Proyecto de productos gráficos	UF1455: Preparación de proyectos de diseño gráfico	50
	UF1456: Desarrollo de bocetos de proyectos gráficos	90
MF0697_3: Edición creativa de imágenes y diseño de elementos gráficos	UF1457: Obtención de imágenes para proyectos gráficos	40
	UF1458: Retoque digital de imágenes	70
	UF1459: Creación de elementos gráficos	50
MF0698_3: Arquitectura tipográfica y maquetación	UF1460: Composición de textos en productos gráficos	90
	UF1461: Maquetación de productos editoriales	50
	UF1462: Elaboración del arte final	60
MF0699_3: Preparación de artes finales	UF1463: Arte final multimedia y e-book	30
	UF1464: Calidad del producto gráfico	30
MP0312: Módulo de prácticas profesionales no laborales		40

Índice

Capítulo 3
Gestión de archivos gráficos

Capítulo 1
Ajuste de programas de dibujo vectorial

Contenido

1. Introducción

La creación, manejo y uso de fotografías, ilustraciones o elementos gráficos es algo imprescindible para un diseñador gráfico, aunque a veces no se tenga claro qué utilizar en cada proyecto. A menudo existe la duda de no saber qué elemento añadir a un trabajo creativo: fotografía o dibujos. Esta decisión dependerá siempre de la función que se quiera dar al mensaje gráfico o a las exigencias y condiciones de un cliente. De todas maneras, ambas opciones son factibles siempre y cuando la composición, la imagen, la tipografía, el color y el propio mensaje cumplan la función de comunicar lo que se pretende.

En este capítulo se tratará uno de los aspectos más prácticos y necesarios para todos los diseñadores gráficos que son o aspiran a ser creativos: el diseño vectorial.

Se pueden encontrar multitud de presentaciones, carteles, folletos, flyers, etc., donde una ilustración puede llamar la atención y provocar la inquietud de saber cómo está realizada e incluso nos puede hacer sentir algo ignorantes ya que, aunque se disponga de los programas gráficos digitales, puede resultar frustrante no saber cómo sacarle partido a esas herramientas que, a primera vista son tan evidentes de uso, pero realmente es un mundo lleno de posibilidades que están por descubrir.

Formas rectangulares, elípticas, polígonos, líneas, plumas, etc., todos los programas tienen prácticamente las mismas características pero es necesario conocer cómo y cuándo usarlos para conseguir lo que se tiene en mente. Una solución fácil es descargar imágenes vectoriales recurriendo a los bancos de imágenes de la red, pero si se aspira a ser un diseñador original y creativo se debe conocer y trabajar con voluntad para crear ilustraciones propias, y todo diseñador debe llegar a utilizar las herramientas gráficas digitales con la misma fluidez que un pintor usa sus pinceles, un dibujante sus lápices o un fotógrafo su cámara.

2. Herramientas informáticas utilizadas en la creación de productos gráficos

Actualmente existen multitud de productos gráficos digitales para dibujar, habiendo *software* específicos profesionales y otros de carácter gratuito y uso libre.

El siguiente esquema resume algunos de los programas más utilizados en el mercado del *software* gráfico actual.

Software	Aplicación	Uso
Adobe Photoshop	Diseño y edición de imágenes	Licencia
Adobe Illustrator	Diseño y dibujo vectorial	Licencia
Adobe Indesign	Maquetación, diseño y dibujo vectorial	Licencia
Coreldraw	Maquetación, diseño y dibujo vectorial	Licencia
Gimp	Diseño y edición de imágenes	Libre
Paint.net	Diseño y edición de imágenes	Libre
Inkscape	Diseño y dibujo vectorial	Libre

Se puede acceder al *software* profesional mediante licencias comerciales o de prueba, es decir, de uso limitado temporalmente. No se recomienda comprar un programa si su uso no va a ser inminente, ya que los fabricantes actualizan sus versiones periódicamente y la versión puede quedar rápidamente anticuada. Otra opción para conocer y practicar con las herramientas gráficas es el *software* de uso libre.

Sabía que...

Dado que hoy día todo el mundo cuenta con equipos que permiten el desarrollo de este tipo de *software,* una opción sería realizar cursos de formación a distancia que ayuden a profundizar en su conocimiento, disponibles en una gran variedad de plataformas *e-learning* que permiten trabajar y aprender *online* de manera eficaz.

En este apartado se conocerán las herramientas más utilizadas en la creación de productos gráficos con distinto *software*. Estas herramientas se reconocen porque se encuentran agrupadas en las llamadas "paletas de herramientas", una caja rectangular dividida en varios casilleros donde aparecen los iconos o símbolos gráficos que representan cada una de ellas y permitirán dibujar, pintar, difuminar, clonar, retocar imágenes, etc.

Paletas de herramientas de los diferentes programas gráficos

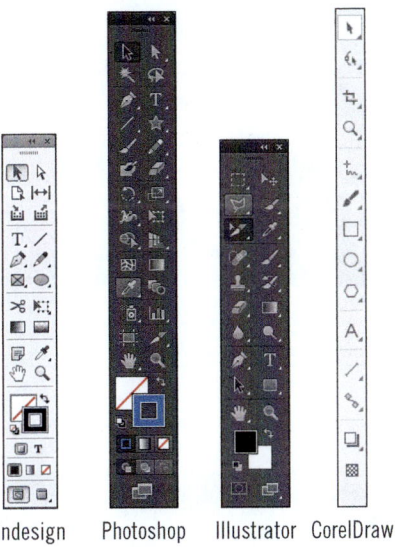

Indesign   Photoshop   Illustrator   CorelDraw

2.1. Programas de creación gráfica

Existen muchos tipos de programas de creación gráfica enfocados a las necesidades creativas del diseñador y es importante decidir cuál es el más adecuado para cada persona, ya que en ellos se encuentran las herramientas que mejor se adaptan a cada necesidad.

Programas de dibujo vectorial

Son los que permiten crear gráficos vectoriales, es decir, imágenes digitales definidas matemáticamente por líneas y curvas dando como resultado formas básicas o formas que se construyen según la posición de su punto inicial y final, logrando una trayectoria que configura la forma. Los más importantes del mercado son *Adobe Illustrator* y *Coreldraw*, ideales para ilustración y diseño gráfico.

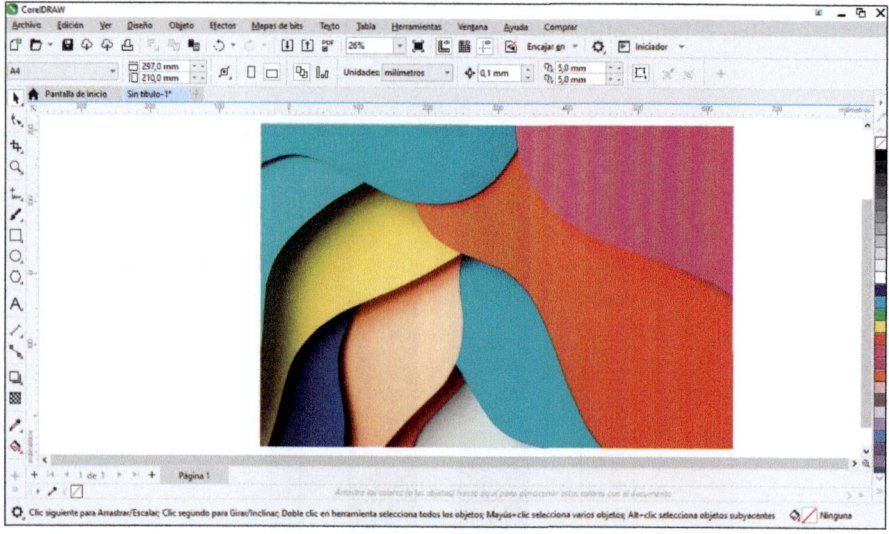

Interfaz de CorelDraw

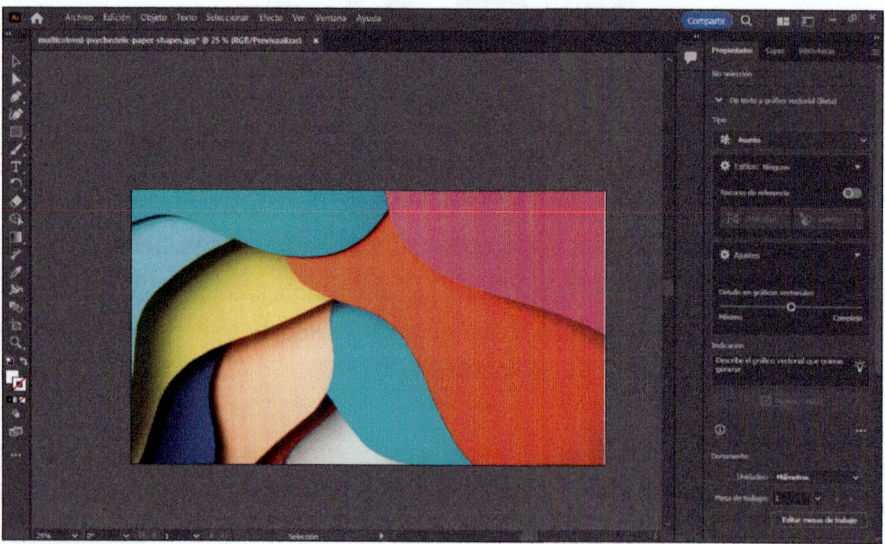

Interfaz de Adobe Illustrator

Programas de edición de imágenes

Son los que permiten manipular, retocar, transformar y modificar imágenes en mapa de bits que se han adquirido mediante cámaras digitales, escáneres u otros dispositivos. El más profesional, adecuado y utilizado a nivel profesional es *Adobe Photoshop*.

Interfaz de Adobe Photoshop

Programas de maquetación

Son los que se encargan de la autoedición. Manejan una gran información de textos y trabajan principalmente con la edición de elementos tipográficos aunque también permiten crear e insertar elementos gráficos.

Disponen de herramientas vectoriales, sin embargo las imágenes se suelen importar ya creadas y retocadas por otros programas de edición o directamente de una galería fotográfica. Son adecuados para la realización de catálogos o folletos ya que pueden trabajar con múltiples páginas en un único documento. El más utilizado actualmente es *Adobe Indesign*.

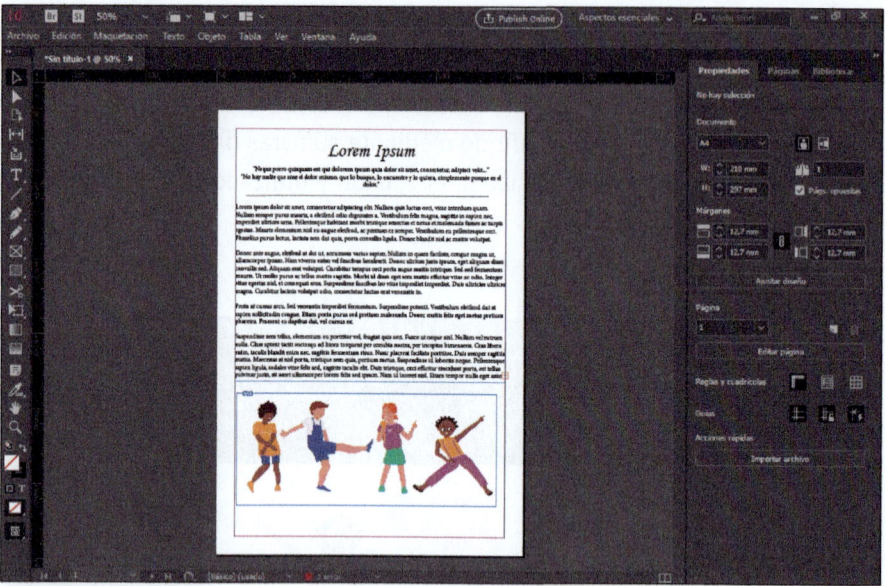

Interfaz de Adobe Indesign

Es importante disponer de uno o varios programas de creación de gráficos vectoriales y otro de edición de imágenes para poder interpretar los recursos que se irán nombrando a lo largo del contenido.

Para comenzar un trabajo de diseño, antes de nada, se debe crear un nuevo documento. Si se tiene un programa vectorial, de maquetación o de edición de imágenes se deben insertar unas medidas para saber el tamaño de impresión del trabajo. Sin embargo, hay que tener en cuenta que los programas de edición de imágenes también exigirán introducir la resolución del mismo, ya que trabajan en mapa de bits, es decir, mediante píxeles (unidad mínima del mapa de bits). La resolución determina la cantidad de píxeles almacenados en un documento y por tanto la calidad de la imagen.

Si se inicia un trabajo de diseño gráfico con *Adobe Illustrator,* una vez abierta la aplicación, se debe ir al menú **Archivo/Nuevo** y aparecerá una ventana de configuración de medidas del documento donde se podrá insertar el ancho y alto del mismo. En *CorelDraw* se hace la misma operación menú **Archivo/ Nuevo,** y se abrirán multitud de opciones predeterminadas, aunque también se pueden insertar las dimensiones que se prefieran. Si el programa que se va a utilizar es *Inkscape*, automáticamente se crea un documento que también es configurable desde el menú **Archivo/Propiedades** del documento.

Ventanas de configuración de tamaño del documento en los programas de diseño vectorial

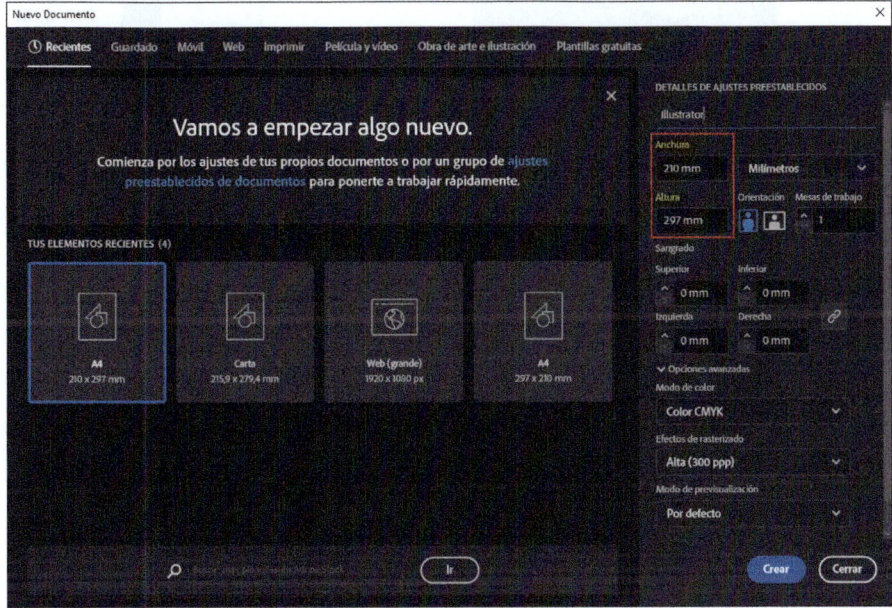

Adobe Illustrator

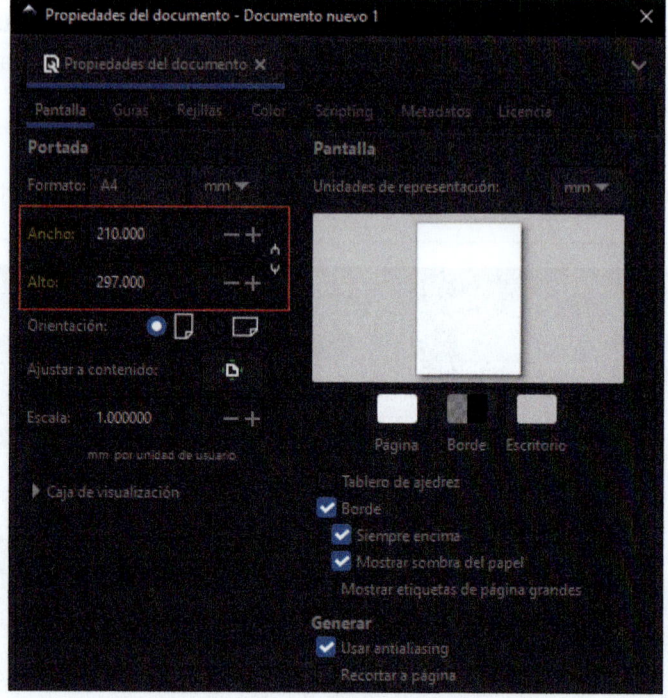

Inkscape

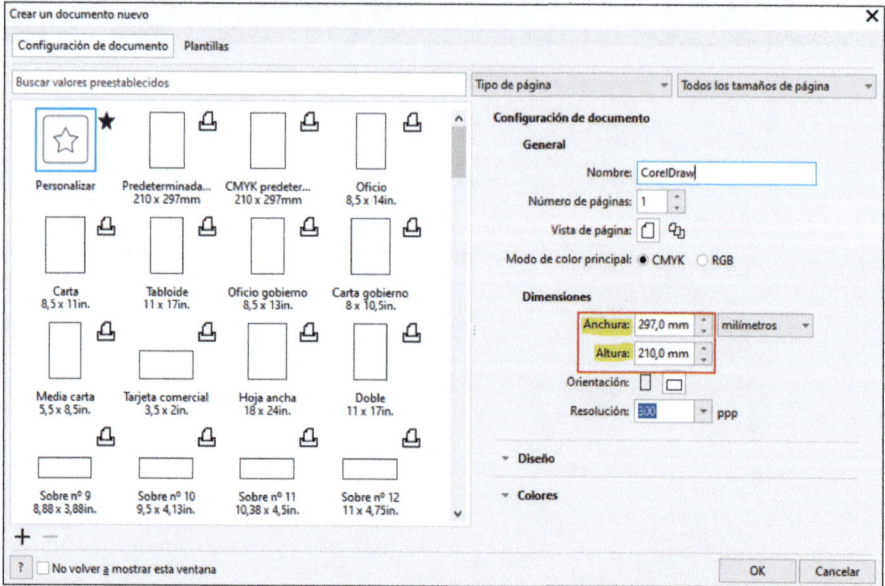

CorelDraw

 **Actividades**

1. Reflexione sobre las siguientes cuestiones:

I ¿Qué tipo de programa se debería usar para retocar una fotografía?
I ¿Qué tipo de programa se debería usar para hacer un catálogo?
I ¿Qué tipo de programa se debería usar para diseñar un logotipo?
I ¿Es importante la resolución en un programa de diseño vectorial?

Herramientas para la creación de productos gráficos

Existen herramientas vectoriales predefinidas para crear objetos geométricos o formas muy concretas, y por otro lado, herramientas de trazo libre para crear los objetos personalizados. La transformación, combinación y edición de esas formas son las que darán el resultado a una ilustración o diseño.

 Nota

Se aconseja que el usuario se familiarice cuanto antes con el programa y conozca las posibilidades de las herramientas. Aquí se mostrarán las herramientas más destacadas de los dos programas más utilizados a nivel profesional: Adobe Illustrator, Coreldraw o Inkscape.

Al realizar una primera tarea con las formas predefinidas, estas se reconocerán en la barra de herramientas por su descripción y su icono que siempre representa la forma que se va a dibujar. En algunos casos se debe dejar pulsado el cursor para ver el desplegable que muestra el resto de herramientas ubicadas en ese casillero.

Grupos de herramientas de formas básicas

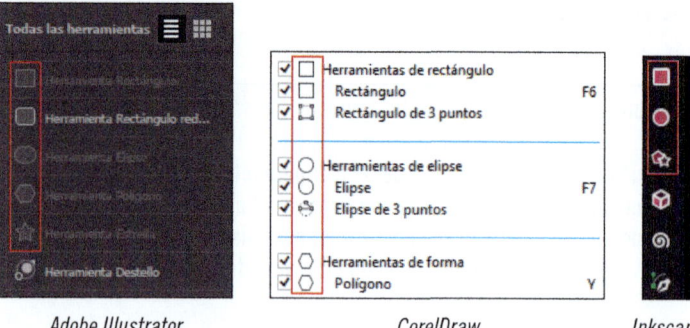

Adobe Illustrator   CorelDraw   Inkscape

Crear formas básicas

La manera de construir estas formas es muy sencilla. En el caso de los rectángulos se marca el punto inicial y se arrastra en diagonal hacia la esquina opuesta sin soltar el dedo del ratón (Figura a). En el caso de querer construir un cuadrado equilátero se debe marcar el punto inicial y mientras se arrastra se debe pulsar la tecla del teclado [*Shift*] en *Adobe Illustrator,* o [Control] en *Coreldraw* (Figuras b), consiguiendo que la acción se limite a una forma cuadrada. Si se trabaja con *Inkscape,* para construir la forma rectangular desde su propio centro se debe pulsar [Alt] en *Adobe Illustrator,* o [Shift] para *Coreldraw* (Figura c). Y en el caso de buscar una construcción equilátera y concéntrica se pulsará, tras el punto de inicio, las teclas [Shift + Alt] en *Adobe Illustrator* o [Control + Shift] en *Coreldraw* (Figura d). Estas aplicaciones se usarán únicamente en el sistema *Windows.* En caso de usar sistema *Mac* se sustituirá el uso de la tecla [Control] por la tecla [Comando].

Proceso de creación de formas rectangulares y cuadradas

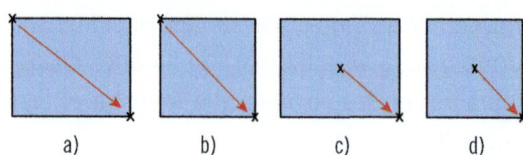

a)   b)   c)   d)

La construcción del resto de formas predefinidas funciona de manera similar: rectángulos redondeados, elipses, polígonos o estrellas. Estos programas siempre disponen de teclas directas que permiten el bloqueo de la forma, el movimiento, la escala, la rotación, etc.

Una vez se domine la construcción de las formas se puede pasar a la selección, desplazamiento, transformación y orden de estas formas.

Sabía que...

La composición gráfica a base de formas vectoriales funciona como si de un *collage* se tratara. Cada elemento es un objeto independiente de los demás que se puede colocar, transformar y ordenar hasta conseguir el resultado deseado.

Si se trabaja con el programa de uso libre *Inkscape*, este funcionará con un juego de teclas similar a *CorelDraw.*

Actividades

2. Intente dibujar un cuadrado equilátero con la herramienta rectángulo, un círculo con la herramienta elipse, y un triángulo equilátero con la herramienta polígono.

Selección, transformación y rotación

Las formas vectoriales ya creadas se seleccionan con la herramienta selección, se identifican por su forma de puntero y suelen estar ubicadas en los primeros casilleros de la paleta de herramientas.

Ubicación de las herramientas de selección en *Adobe Illustrator*

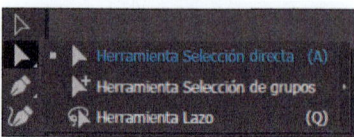

Ubicación de las herramientas de selección en *CorelDraw* e *Inkscape*

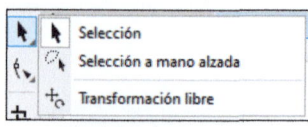

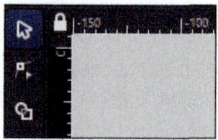

Un objeto seleccionado se desplaza al hacer *click* en su interior y sin soltar el dedo del ratón se lleva al lugar de destino. Cuando un objeto está seleccionado se acentúan sus esquinas con unos pequeños nodos que permiten transformar el tamaño. En *Adobe Illustrator*, si el ratón se sitúa fuera del límite de la forma, se permite transformar su rotación.

 **Recuerde**

Los atajos del teclado para la construcción de formas se utilizan de igual manera para las transformaciones: bloqueo en el movimiento o en la rotación, transformar la escala concéntricamente, etc.

En *Coreldraw* hay que hacer un segundo *click* sobre el objeto seleccionado para cambiar su rotación, al igual que en *Inkscape.*

Ejemplo de transformaciones: desplazamiento, escala y rotación

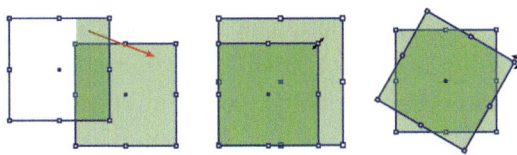

Adobe Illustrator	Al pulsar la tecla Shift ⇧:
Desplazamiento	Se limita el movimiento vertical, horizontal y diagonal del objeto.
Escala	Mantiene la proporción del objeto y no se deforma.
Rotación	Permite un giro exacto de 45°.
Adobe Illustrator	**Al pulsar la tecla Alt:**
Escala	Se transforma concéntricamente del centro al radio del objeto.

Coreldraw/Inkscape	Al pulsar la tecla Shift: ⇧
Escala	Se transforma concéntricamente del centro al radio del objeto.
Coreldraw	Al pulsar la tecla Control:
Desplazamiento	Se limita el movimiento en vertical y horizontal.
Escala	Duplica su escala proporcionalmente.
Rotación	Permite un giro exacto de 15°.

Para seleccionar más de un objeto se utiliza la herramienta de selección, y sin soltar la tecla [Shift] se marca el resto de objetos, pudiendo todos recibir cualquier transformación. Todo objeto seleccionado se deselecciona pulsando de nuevo sobre él. Para deseleccionar todos los elementos se pulsa en cualquier zona de la página donde no haya objetos. Si se desea seleccionar todos los elementos dibujados se pulsan las teclas [Ctrl + A].

Organizar y ordenar los elementos gráficos

Se puede observar que los elementos que se van construyendo siempre solapan al objeto anterior, eso es debido a que se organizan desde un nivel inferior y se va ascendiendo según el orden de creación. Si se necesita intercambiar el orden de los objetos se recurre a la opción **Organizar** *(Adobe Illustrator)* o la opción **Orden** *(Coreldraw).* Ambas cumplen la misma función y se pueden encontrar pulsando el botón secundario del ratón sobre el objeto seleccionado que se quiera recolocar. Pueden situarse directamente en el nivel más bajo o más alto del grupo de objetos o que asciendan o desciendan paso a paso según el número de elementos que se haya dibujado.

Si se seleccionan varios objetos se posicionarán juntos y a la vez en el lugar que se indique.

Opciones de orden y organización de objetos

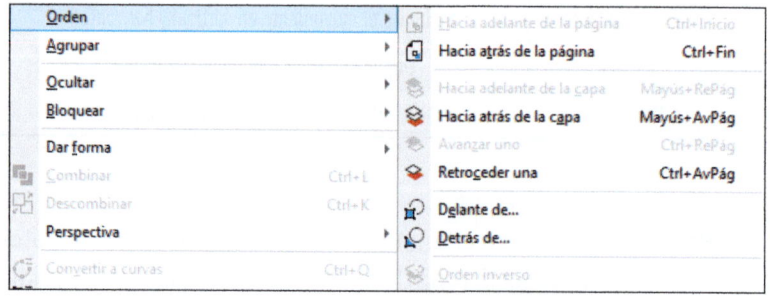

Illustrator

CorelDraw

Continúa en página siguiente >>

<< Viene de página anterior

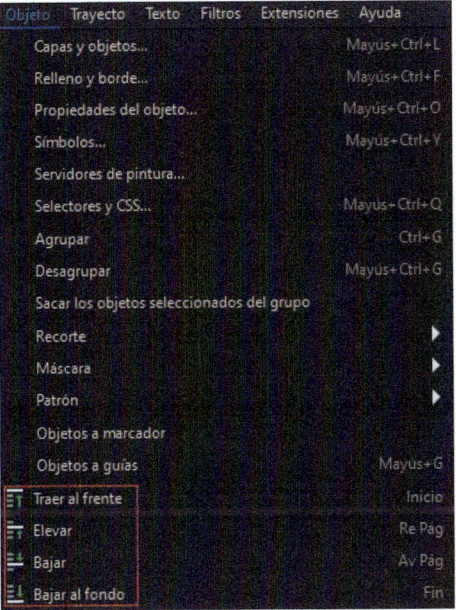

Inkscape

Actividades

3. Dibuje tres figuras básicas y aplique color sobre ellas pulsando en alguna de las muestras de la paleta de color. Desplace las formas hasta que se solapen entre ellas manteniendo una intersección en común. Practique cambiando el orden de visualización enviando el primer objeto a la última posición y viceversa.

Alinear y distribuir elementos gráficos

En toda composición gráfica es muy importante la distribución y alineación de los elementos para poder repartirlos y colocarlos equilibradamente y para ello existen menús que agilizan esta acción pudiéndose encontrar en el menú **Ventana/Alinear** en *Adobe Illustrator*, en el menú **Organizar/ Alinear** y **Distribuir** en *Coreldraw* y en el menú **Objeto/Alinear** y **Distribuir** en *Inkscape.* Estas ventanas se activan en el momento de seleccionar más de un elemento siendo el del nivel superior o el último seleccionado el que manda en la alineación.

Opciones de alineación y distribución de objetos

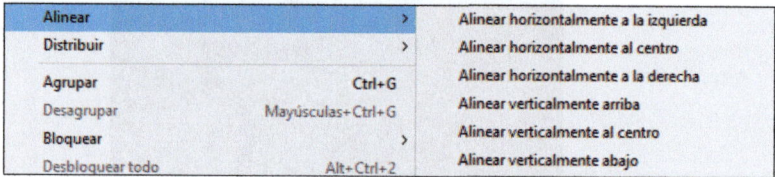

Illustrator

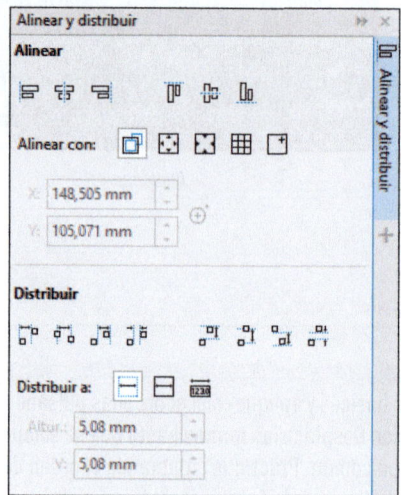

CorelDraw

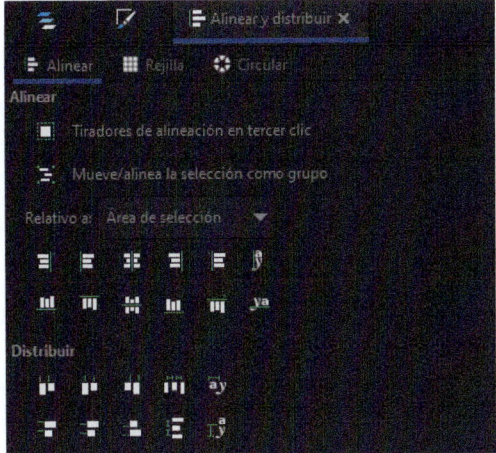

Inkscape

Actividades

4. Reflexione sobre cómo se puede crear y alinear la secuencia de objetos básicos de la siguiente imagen: alineados en su parte inferior y equidistantes en su distribución.

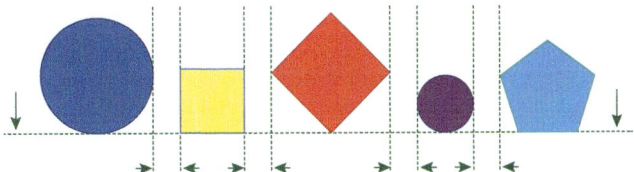

Agrupar elementos gráficos

Normalmente en cualquier ilustración o composición vectorial se trabaja con multitud de formas, y como cada una de ellas son objetos independientes, es conveniente ir agrupándolos para que se facilite su alineación, posición, escala o giro. Los grupos son conjuntos de formas que siguen manteniendo sus características propias, como el relleno o el contorno, y que una vez agrupadas permiten ser transformadas como si de un único objeto se tratara. Todos los elementos de un grupo se pueden aislar o seleccionar como elementos aislados o secundarios del grupo sin tener que desagruparse. Una solución rápida para agrupar es mediante el atajo de teclado [Ctrl + G] o pulsando el botón secundario del ratón sobre los elementos seleccionados para que aparezca la opción **Agrupar.** Para desagrupar se vuelve a pulsar con el botón secundario del ratón sobre el grupo.

Ejemplo de elementos desagrupados y agrupados en Coreldraw

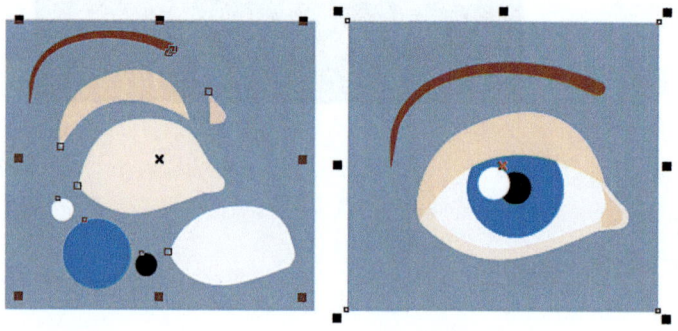

9 objetos señalados en capa 1   Grupo de 9 objetos en capa 1

Duplicar y reflejar elementos gráficos

En ocasiones se necesita crear motivos idénticos a los ya creados y así se ahorra tiempo en volver a crearlos. Las opciones de duplicado y volteado de formas permiten hacer esta acción y como siempre, dependiendo del programa que se utilice, estas funciones cambian notablemente.

Si se trabaja con *Coreldraw*, una manera rápida y eficaz para duplicar un objeto o un grupo de objetos es seleccionando los elementos con la herramienta de selección, y mientras se desplaza, se pulsa el botón secundario del ratón sin soltar el botón principal, así se consigue un duplicado exacto de las formas.

Para crear una simetría se marca uno de los puntos intermedios laterales de la selección y se cruza el ratón por encima de la forma pulsando a su vez las teclas [Control y Shift] para que no pierda la proporción y su eje central.

Ejemplo de duplicado y simetría de elementos en Coreldraw

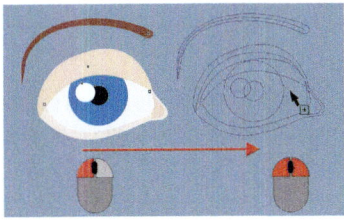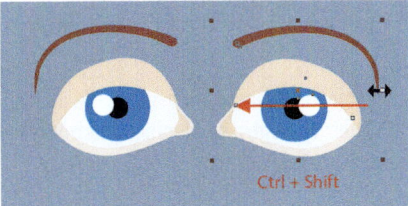

Inkscape duplica los objetos desde el menú **Edición/Duplicar** [Ctrl + D] y crea sus reflejos desde el menú **Objeto/Reflejo Horizontal/Vertical.**

Si se trabaja con *Adobe Illustrator* el duplicado se hace al desplazar los objetos pulsando la tecla [Alt]. Para crear la simetría existe una herramienta propia que al seleccionarla permite cruzar en la dirección que interese.

Ejemplo de duplicado y simetría de elementos en Adobe Illustrator

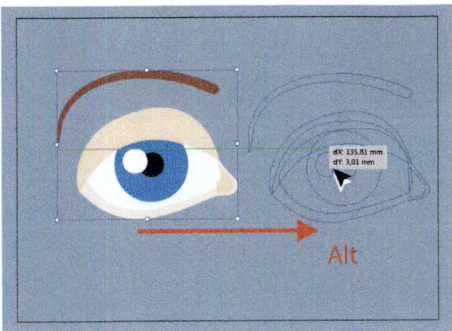

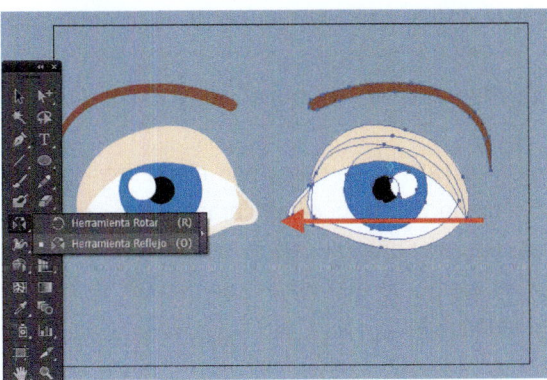

Recuerde

Es conveniente pulsar la tecla adecuada de limitación de desplazamiento cuando se quiera crear simetrías dentro de la misma horizontal o vertical ([Shift] o [Ctrl] según el programa que se tenga en uso).

Actividades

5. Reflexione sobre cómo se puede crear y alinear una secuencia de objetos básicos tal y como se muestra en la imagen, alineados en su eje horizontal y equidistantes en su distribución.

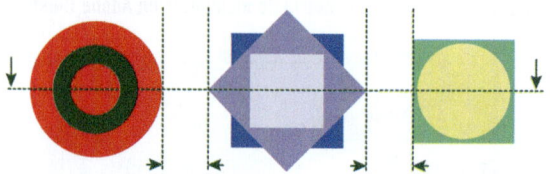

Combinar elementos gráficos

La combinación de formas es muy útil para crear nuevos objetos. Se aprovechan las siluetas de algunos elementos gráficos para conseguir otros resultados y evitar en ocasiones tener que trazar un dibujo determinado.

En *Adobe Illustrator* si se combinan elementos gráficos todos se convierten en un único objeto con las características o atributos del objeto que se encuentre en el nivel superior, al igual que en *Inkscape.* En el caso de *Coreldraw* el elemento que manda con sus atributos es siempre el primero que se seleccione.

Principales iconos para combinar formas

Soldar o unificar   Recortar   Intersección   Cambiar o excluir

Para localizar estas opciones en *Adobe Illustrator* se debe ir al menú **Ventana/Buscatrazos.** Si se trabaja con *Coreldraw* se irá al menú **Objeto/ Dar Forma.** En *Inkscape* hay que desplegar el menú **Trayecto** y elegir la opción que interese.

Visualización de los menús de herramientas para combinar elementos

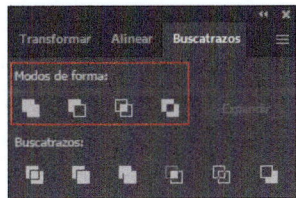

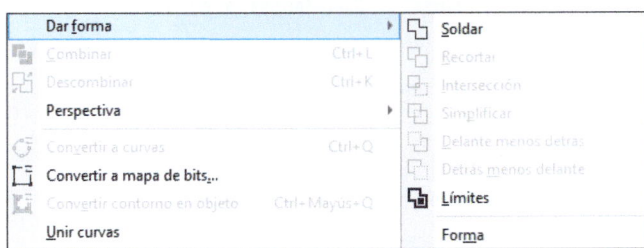

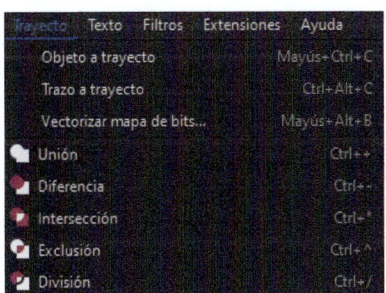

Recuerde

Estos programas realizan las mismas combinaciones de elementos, aunque el resultado dependerá del orden de selección o del nivel en el que se encuentren las formas.

Ejemplo práctico

A continuación se creará una sencilla ilustración donde se ha utilizado únicamente la construcción de formas básicas, debiéndose el resultado final a la combinación de formas. Cada área cerrada será un objeto independiente de los demás, por eso es importante determinar las formas finales para aplicar los atributos visuales propios, como es el color de cada elemento: menú **Ventana/Color.**

Ilustración realizada mediante formas básicas combinadas

Paso 1

Se comenzará con la construcción del cuerpo del personaje. Como se puede observar, la forma final es la combinación unificada de círculos y triángulos. Se usarán las herramientas de formas básicas: *elipse* y *polígono*, indicando el número de 3 lados en el panel de propiedades de la herramienta.

Elementos básicos creados y resultado de la unión

Soldar/unificar

Se deben seleccionar todas las formas y marcar la opción **Unificar** o **Soldar** (según el programa que se esté usando), y se le aplica el color adecuado.

Paso 2

Para dibujar el pico y el ojo también se recurrirá a las herramientas anteriores: elipse y polígono de tres lados. Hay que tener en cuenta que las formas exactas como el círculo se construyen ayudándose del teclado. Los objetos más recientes siempre se colocan en un nivel superior a los construidos anteriormente. Por tanto, en el caso del pico, se debe seleccionar y cambiar su orden enviándolo al fondo de la página.

Formas resultantes antes del orden de elementos

Paso 3

La barriga del personaje surge de la intersección de una nueva elipse con el cuerpo anterior.

Resultado de la intersección de la nueva elipse con el cuerpo

Intersección

Paso 4

Las extremidades inferiores del dibujo se construyen con dos formas rectangulares y un círculo en la parte superior para conseguir la redondez. Al seleccionar estos tres elementos se aplica la orden de **Unificar** o **Soldar** y el resultado se gira unos 30° a la izquierda. Para el pie se recortará un círculo ayudándose de una forma rectangular. Hay que recordar que para recortar siempre manda el último elemento construido o el que se encuentre en un nivel superior.

Resultado de la elaboración de las extremidades inferiores

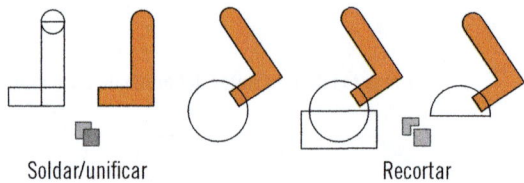

Soldar/unificar   Recortar

Paso 5

Para dar forma a los dedos se dibujará un pequeño círculo que se podrá duplicar y después agrupar para conseguir el corte con el pie en una sola acción. Se sueldan los elementos resultantes, se aplicará color y se obtendrá una de las extremidades. Al duplicarla se colocará la copia por debajo del cuerpo del personaje.

Proceso de elaboración de los pies

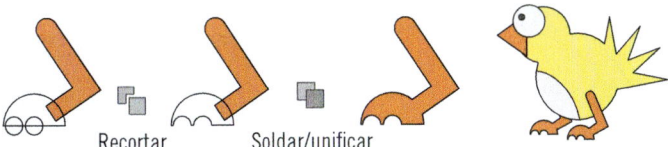

Recortar   Soldar/unificar

Paso 6

A continuación se le dará forma al cascarón del huevo dibujando una elipse en sentido vertical y una estrella de 20 puntas.

Ubicación de los elementos para la construcción del cascarón

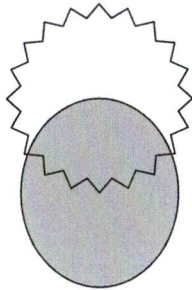

En *Adobe Illustrator* se indica el número de puntas eligiendo la herramienta Estrella, y haciendo un simple *click* en la mesa de trabajo, se mostrará una ventana que además permite configurar los dos radios que forman el largo de las puntas (Fig. A).

En *Coreldraw* también se dispone de la herramienta Estrella, pero el número de puntas se podrá cambiar una vez creada la forma. Si selecciona la estrella y se observa la parte superior de la pantalla aparecerán las propiedades del objeto y se podrá modificar el perfilado como se desee (Fig. B).

Construcción de la estrella en *Adobe Illustrator*

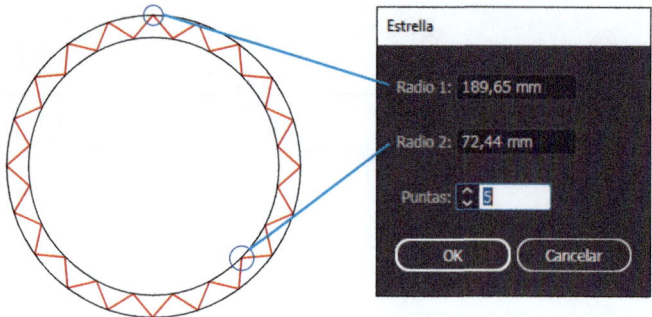

Construcción de la estrella en *Coreldraw*

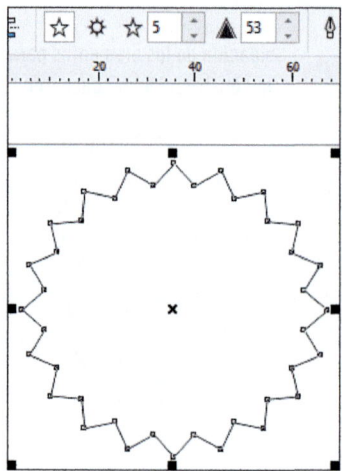

Paso 7

Una vez colocados los dos objetos es conveniente centrarlos alineándolos verticalmente. Primero se seleccionan y después se marca en el icono de alinear vertical.

Para construir las dos mitades del cascarón se hará una intersección de la estrella (1) con la elipse (2), y dará un elemento resultante de la parte superior del huevo con la forma de la intersección. Sin borrar la estrella se vuelve a seleccionar junto con la elipse original y se marca la opción **Recortar** obteniendo las dos mitades. Se elimina la estrella y se mantienen las dos partes que dan forma al cascarón. Tras aplicarle color se podrá girar hasta crear la composición final.

Proceso de intersección de elementos

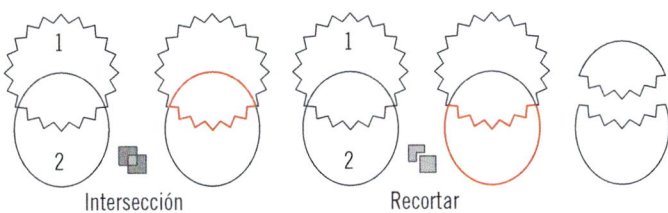

Intersección   Recortar

Paso 8

A medida que se van creando formas que pertenecen a partes de una composición se aconseja agruparlas para que no se queden los elementos sueltos. Por ejemplo, si se decide crear un fondo a la ilustración se seleccionarán antes todos las formas dibujadas y se agruparán mediante la combinación de teclas [Ctrl + G], así se podrá cambiar el orden de todo el conjunto y no se quedarán elementos sueltos a la hora de seleccionarlos.

Paso 9

Si se desea seguir practicando con estas funciones básicas se propone diseñar un sencillo fondo. Un rectángulo para el cielo, formas elípticas para las nubes, triángulos para el césped y un pequeño rectángulo para el suelo. Se soldarán los elementos comunes y se organizará su orden de visualización.

Propuesta de continuación de la práctica creando un fondo a la ilustración

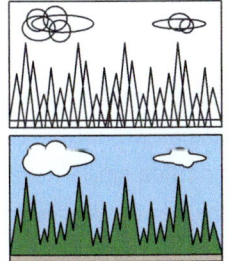

Aplicación práctica

Se recibe el encargo de crear un diseño de señalética para un local comercial donde se indique la localización de las puertas de los aseos de señoras y caballeros. Se pide que las formas estén construidas con elementos básicos vectoriales y que cada pictograma sea un solo objeto. Explique cómo sería el proceso de elaboración de cada uno de ellos.

Pictograma 1   Pictograma 2

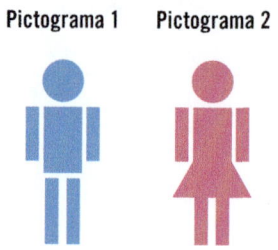

SOLUCIÓN

Se debe crear un documento nuevo, por ejemplo en A4. Se usará la herramienta elipse para crear la cabeza del primer pictograma y se pulsará la tecla adecuada para hacer un círculo perfecto [Shift] o [Control] dependiendo del *software*. Para el torso se construye un rectángulo vertical y se crea otro más estrecho para hacer uno de los brazos. Estos se duplicarán para que ambos tengan las mismas dimensiones. Se repite la misma operación para las piernas. Si se agrupan los brazos con el torso, y por otro lado las piernas, se podrá alinear estos dos grupos con la cabeza para que mantengan el mismo eje vertical. Una vez realizado el primer pictograma se agrupan todos los elementos y se duplica este nuevo grupo para hacer el pictograma de señoras, al cual solo se debe añadir una forma poligonal triangular para la falda. Para que cada dibujo se convierta en una sola forma se deben desagrupar todos los elementos y se vuelven a seleccionar para aplicarles la acción de Unir o Soldar. Por último se aplica color.

Las herramientas de dibujo

En los anteriores apartados se ha visto la manera más simple de crear elementos gráficos, es decir, a base de formas básicas predefinidas que ofrecen la posibilidad de obtener resultados gráficos sencillos sin la necesidad de trazarlos o dibujarlos. En este apartado se verán las herramientas principales del trazado vectorial que en ocasiones son las más adecuadas para ilustradores y diseñadores por la libertad de formas que ofrecen.

 Nota

Todos los objetos vectoriales son totalmente editables gracias a sus puntos de flexión. Se pueden modificar tantas veces como sea necesario y como funcionan mediantes vectores no perderán nunca calidad de representación.

Un trazado libre es una forma creada manualmente por el diseñador. Los trazados pueden ser cerrados para que adquieran rellenos o abiertos para aquellos trabajos lineales donde predominan las líneas.

Las herramientas que se suelen utilizar para realizar estos elementos se pueden dividir en dos categorías: herramientas a mano alzada y herramientas de puntos de curva. En el siguiente esquema se han agrupado las más conocidas de los tres programas a los que se ha estado haciendo referencia.

Herramientas a mano alzada			Herramientas de puntos de curva		
Illustrator	*Coreldraw*	*Inkscape*	*Illustrator*	*Coreldraw*	*Inkscape*
Lápiz	Mano alzada	Mano alzada	Pluma	Bézier	Bézier
Pincel	Pincel*	Trazos Calig.		Pluma	
Pincel manchas	Disem.*			Polilínea	

Continúa en página siguiente >>

<< Viene de página anterior

Herramientas a mano alzada			Herramientas de puntos de curva		
Illustrator	*Coreldraw*	*Inkscape*	*Illustrator*	*Coreldraw*	*Inkscape*
Borrador	Pluma Calig.*				
Suavizar	Polilínea*				
	Artist. (*) Grup.				

Las herramientas de mano alzada son las que se utilizan libremente dejando el botón principal del ratón pulsado. Permiten crear formas personalizadas y quedarán cerradas al unir sus dos extremos. Los objetos creados con este tipo de herramientas pueden contener algunas imperfecciones ya que se crean de un solo trazo (aunque los programas tiendan a suavizarlas), pero para corregirlas se podrán modelar con los manejadores de puntos o nodos.

Ejemplo

En ocasiones la ayuda de imágenes en mapa de bits permite facilitar la creación de formas personalizadas. En este caso se ha colocado una fotografía en *Adobe Illustrator* (menú Archivo/Colocar) y con la herramienta pincel se ha creado un trazado siguiendo la forma de la cabeza del caballo.

Continúa en página siguiente >>

<< Viene de página anterior

 Actividades

6. Practique con el trazo de las herramientas de mano alzada haciendo formas abiertas en zigzag, espirales, formas cerradas, etc. para comprobar el número de puntos que se crean automáticamente al finalizar cada forma.

Las herramientas de puntos de curva se utilizan creando los puntos clave o nodos que darán la forma final. Son algo más complejas, pero su acabado es mucho más limpio y preciso que las de mano alzada.

Para aprender a utilizarlas se puede empezar seleccionando la herramienta pluma *(Adobe Illustrator)* o la herramienta Bézier *(Coreldraw* o *Inkscape).*

Para crear formas poligonales mediante una polilínea, marcamos varios puntos con la herramienta pluma y los segmentos resultantes serán lineales.

Sin embargo, para crear líneas curvas hay que marcar el *click* y arrastrar con el ratón sin soltar el botón principal, siguiendo la dirección del perfil del dibujo. Con este arrastre aparecerán los manejadores de los puntos de curva y con ellos se definirá la longitud del manejador o la dirección de la curva.

Se debe controlar bien la distancia del arrastre ya que si se fuerza demasiado en espacios angostos, la curva no tendrá espacio para definirse y dará un efecto de retroceso.

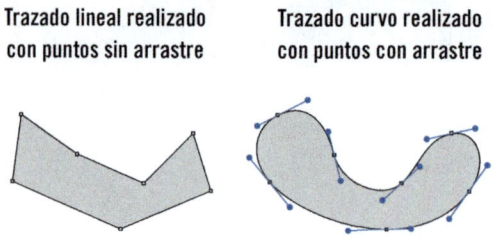

Trazado lineal realizado con puntos sin arrastre

Trazado curvo realizado con puntos con arrastre

Recuerde

Hay que tener en cuenta que las formas o elementos vectoriales son todos modelables y transformables ya que están construidos a base de puntos de curva. No importa si se han construido a mano alzada, con pluma, o son objetos predefinidos como el rectángulo o la elipse. Todos son trazados cuya estructura consta de puntos de curva y segmentos que los unen.

Para mover o transformar los puntos de curva hay que familiarizarse con los iconos y definiciones de los programas de diseño, ya que pueden variar notablemente de uno a otro.

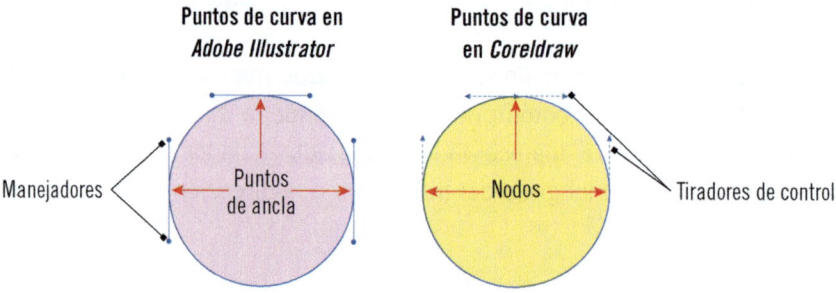

Puntos de curva en *Adobe Illustrator*

Puntos de curva en *Coreldraw*

Manejadores

Puntos de ancla

Nodos

Tiradores de control

Actividades

7. Realice esta forma de onda con la herramienta pluma o bézier en el mismo orden numérico y siguiendo el arrastre en la dirección que se indica para controlar el manejo de la creación de curvas.

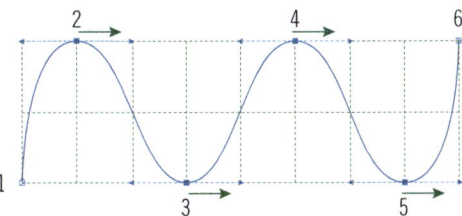

Los puntos de ancla o nodos son los puntos de curva principales que definen el trazado que los unen. Los manejadores o tiradores configuran la forma de la curva y solo aparecen con formas sinuosas. Cuando las formas son lineales no se pueden modificar los segmentos sin convertir antes estos nodos lineales en curvos.

Para seleccionar y modelar las curvas y nodos hay que recurrir a unas herramientas específicas: selección directa (Adobe Illustrator), herramienta forma (Coreldraw) o editor de nodos (Inkscape).

**Herramientas de edición y modificación
de nodos en los programas más comunes**

Si se dibuja un círculo y se selecciona el nodo superior con la herramienta forma, selección directa o edición de nodos aparecerán los manejadores del nodo y se podrá comprobar que ambos se mueven simétricamente al mover uno de sus extremos. Esto provoca una modificación de las curvas contiguas.

Sin embargo, en ocasiones puede interesar que una de las curvas quede intacta, es decir, que el nodo se convierta en asimétrico y que cada uno de los manejadores funcione independientemente del otro.

Movimiento de los manejadores de un nodo simétrico

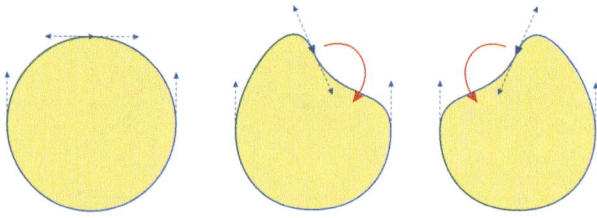

Si se trabaja con *Adobe Illustrator* el manejador se hace asimétrico tras seleccionarlo y pulsar la tecla [Alt].

Si se utiliza *Coreldraw* aparecerá una barra de propiedades de edición de curvas y se localizará la opción de **Convertir nodo en asimétrico.**

Si se utiliza *Inkscape* se deberá seleccionar el nodo y en la barra de propiedades se activará la opción **Convertir en esquina.**

Barra de propiedades de edición de curvas en Coreldraw e Inkscape

Las formas predefinidas (elipse, rectángulo, estrellas, textos, etc.) construidas en *Coreldraw* o en *Inkscape* no se pueden modelar con la herramienta de edición o forma si no han recibido algún cambio mediante soldadura, recorte o intersección. Si son formas originales hay que convertirlas en una curva editable en el menú **Organizar/Convertir a curvas** si se trabaja con *Coreldraw* o en el menú **Trayecto/Objeto a trayecto** si se utiliza *Inkscape.*

**Visualización de la transformación de puntos de ancla
(Adobe Illustrator) o nodos (Coreldraw) en asimétricos**

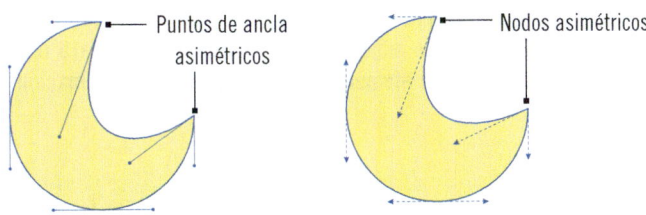

Puntos de ancla asimétricos

Nodos asimétricos

Además de convertir los nodos en asimétricos, la edición de curvas permite añadir, eliminar y convertir los segmentos curvos en rectas o viceversa. Por tanto es muy importante conocer los iconos que facilitan estas modificaciones para conseguir un resultado apropiado.

*Opciones para añadir, restar
o convertir puntos de ancla
en Adobe Illustrator*

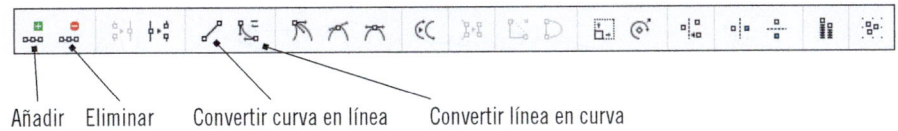

Añadir   Eliminar   Convertir curva en línea   Convertir línea en curva

Opciones para añadir, restar o convertir puntos de nodos en Coreldraw

 Actividades

8. Busque en algún banco de imágenes de internet una imagen vectorial en formato EPS (compatible con todos los programas gráficos vectoriales) y que esté compuesta por muchos objetos para analizar y editar los nodos que la forman.

Aplicación práctica

Se necesita dibujar a un solo color la silueta de un coche deportivo descapotable para insertarla en una tarjeta de visita para un taller de vehículos de alta gama. El cliente exige que el coche tenga una vista de perfil y que en la silueta se aprecien las llantas, los faros, la puerta, el volante y el asiento del mismo. Realice el dibujo con las herramientas más adecuadas e indique los pasos que seguiría para realizarlo. Procure simplificar el trazado y evitar elementos que no transmitan información importante.

SOLUCIÓN

En primer lugar se debe recurrir a un banco de imágenes para tener como referencia la forma y proporciones del vehículo. Una vez elegido el modelo se inserta la imagen en el programa de dibujo vectorial.

Se utilizará la herramienta pluma o bézier para trazar el perfil alrededor de la forma general del vehículo evitando las ruedas, ya que al ser estas circulares se podrá utilizar la herramienta elipse para dibujarlas.

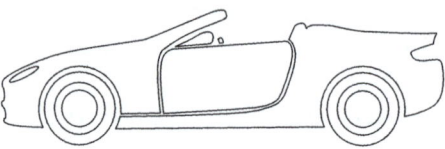

Para sacar los detalles de los faros y la puerta se dibujarán estos elementos y se recortarán a la silueta principal manteniendo en las formas interiores una distancia suficiente para crear un perfil de corte homogéneo.

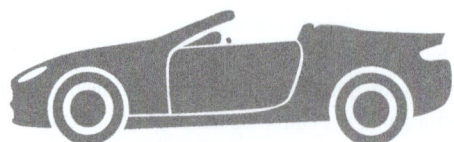

Continúa en página siguiente >>

<< Viene de página anterior

Para corregir las imperfecciones se usará la herramienta selección directa o herramienta forma para eliminar nodos sobrantes o para mover los manejadores que configuran las curvas.

3. Comparación y selección de las herramientas más adecuadas para cada utilidad

Como se ha visto, las herramientas básicas para la creación de elementos gráficos pueden ser variadas dependiendo del *software*, aunque en ningún caso se debería afirmar que un programa es mejor o peor que otro. La calidad del resultado siempre depende de la creatividad y buen uso que le vaya a dar el diseñador o ilustrador. Por tanto se aconseja el dominio de estas herramientas y sobre todo saber cuál utilizar para cada necesidad.

Para conocer las aplicaciones de los elementos gráficos, los logotipos, ilustraciones o infografías pueden servir como ejemplo de imágenes construidas mediante formas vectoriales. Sin embargo, variarán las herramientas que se utilicen para cada caso.

3.1. Herramientas para la creación de logotipos

Habitualmente se reconoce como logotipo o logo a la composición de letras e imágenes diseñadas para una empresa, siendo estas imágenes símbolos asociados a la propia marca. Es necesario que el creativo conozca bien la empresa para que su diseño sea impactante, no dé lugar a confusiones, sea legible, bien interpretado y escalable. En una palabra: funcional.

Una vez investigada la entidad para que la se va a diseñar el logotipo hay que tener en cuenta que en este tipo de composición no es recomendable utilizar más de tres colores, se debe simplificar y evitar elementos o mensajes gráficos innecesarios y la tipografía debe ser suficientemente sencilla para que no haya dificultad de lectura en distintas escalas.

Este tipo de gráficos suele incluir cuadrados, círculos, formas poligonales, líneas rectas, curvas, tipografías, etc. Pueden ser formas sencillas con un relleno de color sólido o degradado o también contorneado con diferentes grosores.

Logotipos de marcas

Se puede apreciar la simplicidad de las formas de algunos logotipos que se encuentran habitualmente en el entorno: no suelen superar los tres colores y sus formas son muy básicas. Se propone hacer algunas prácticas de reproducción de estos logotipos.

Ejemplos prácticos

El logotipo de IKEA está compuesto por rectángulo, elipse y fuente tipográfica *Futura ExtraBold*, manteniendo una alineación centrada en su eje vertical y horizontal.

Construcción del logotipo de la marca IKEA

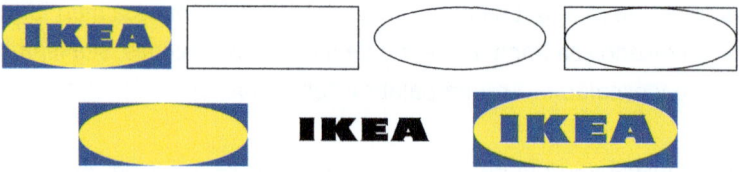

El símbolo de la marca PEPSI está diseñado a base de círculos y un rectángulo redondeado combinándose progresivamente mediante intersecciones.

Construcción del símbolo de la marca PEPSI

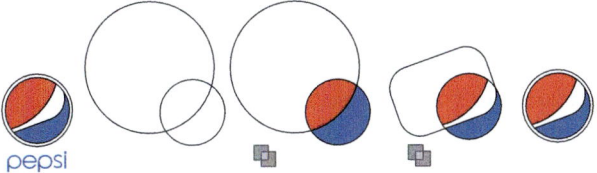

Para la elaboración del logotipo de EBay solo se utilizan fuentes tipográficas, concretamente *Arial Black.* Deben ser letras independientes y no letras escritas continuas. Para ello se utilizará la herramienta texto.

Localización de la herramienta texto en *Adobe Illustrator* y *CorelDraw*

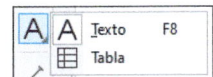

Se escriben las cuatro letras, se deforman en ancho y alto hasta ajustarse a la forma original y después se ubica cada una en su lugar y orden (la "e" y la "a" están en un nivel superior). Se debe quitar el trazo del contorno. En *Adobe Illustrator* la opción de trazo se encuentra en el menú **Ventana/Trazo.** En *Coreldraw* hay que seleccionar la herramienta contorno de la barra de herramientas.

Construcción del logotipo de la marca EBay

Para darle transparencia a los objetos gráficos, en este caso a las letras "a" y "e", se utilizan las opciones de transparencia. En *Adobe Illustrator* se activan desde el menú **Ventana/Transparencia.** En *Coreldraw* se localiza esta opción en el menú **Efectos/Lente/Transparencia.**

Menú transparencia en Adobe Illustrator (izquierda) y en Coreldraw (derecha)

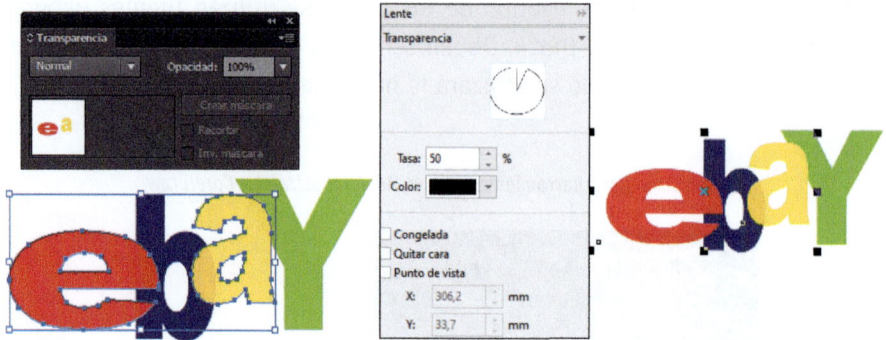

 Aplicación práctica

Un cliente pide realizar un logotipo para una academia de dibujo y pone como condición que tenga como símbolo la punta de un lápiz de cuerpo hexagonal y que aparezca un trazo que simule la escritura de las palabras "Academia de Dibujo". Explique y dibuje el proceso.

SOLUCIÓN

En primer lugar se debe tomar como referencia la imagen de un lápiz. Se puede buscar un lápiz propio o consultar en internet. Una vez analizada cómo es la punta de los lápices se debe plantear cómo simplificarla y crearla en el programa para deducir el número de elementos de los que puede estar compuesta. Es importante tener en cuenta que siempre funciona mejor la simplicidad y sencillez de las formas en este tipo de trabajos.

Una posibilidad de composición es crear un triángulo para la punta y redondearla mediante la edición de nodos. Para conseguir la forma de la mina se puede dibujar un círculo en la punta y crear su intersección.

Continúa en página siguiente >>

<< Viene de página anterior

El cuerpo del lápiz se puede construir con rectángulos y círculos soldados para conseguir el efecto que deja el afilado en la forma hexagonal. Se aplica el color y se agrupa.

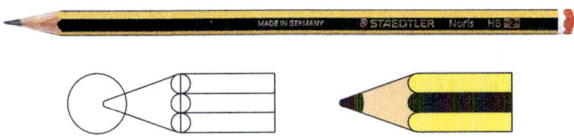

Para que el lápiz aparente estar dibujando se puede girar 45° para simular la inclinación que adoptan los lápices al escribir, y por otro lado, con la herramienta texto, se escribe "Academia de Dibujo". Se busca una tipografía adecuada, a ser posible con un efecto de escritura manuscrita como la fuente Brush Script y se hacen diferentes pruebas de composición para mostrar al cliente. También se puede escribir el texto manualmente con alguna herramienta de trazo a mano alzada si se dispone de una tableta gráfica.

El relleno

Cuando se aplican rellenos a los objetos gráficos cerrados de trazo se puede optar por el relleno sólido, el degradado y los motivos o patrones.

Todos los colores aplicados por medios digitales se representan numéricamente en función a la tinta de impresión que deben cubrir en la composición y las paletas de colores son las encargadas de aplicar este atributo cromático.

Relleno uniforme

Cuando se trabaja con elementos gráficos dirigidos a internet, telefonía móvil, televisores, cámaras digitales, etc., los colores tienen su propia fuente de luz. Cada píxel está dividido en tres colores: rojo, verde y azul que constituyen la paleta de colores RGB *(Red, Green, Blue)*. Cada color toma un valor entre 0 y 255, es decir, 256 en total, y la combinación entre ellos da un resultado de 16.777.256 colores (256 x 256 x 256).

Paletas de color RGB de Adobe *Illustrator*, *Coreldraw* e *Inkscape*

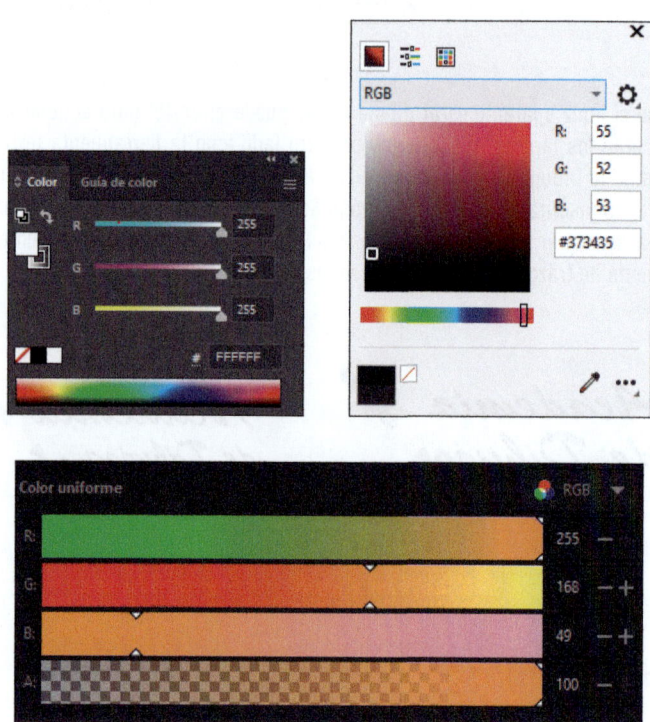

Si se trabaja con elementos gráficos con vistas a una futura impresión se utilizan tintas: cian, magenta, amarillo y negro. Es lo que se conoce por impresión en cuatricromía y por tanto se aconseja utilizar durante el trabajo el modo y la paleta de color CMYK *(Cyan, Magenta, Yellow, Black)*. Estos colores funcionan en un porcentaje de color que se utiliza por cada una de las respectivas tintas en el proceso de impresión.

Paleta de color **CMYK** de *Adobe Illustrator, CorelDraw* e *Inkspace*

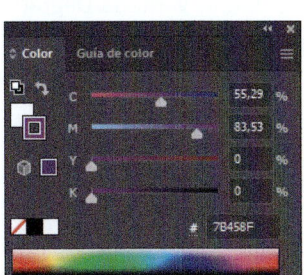

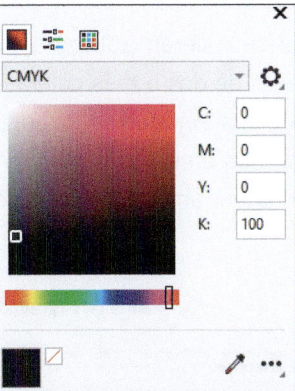

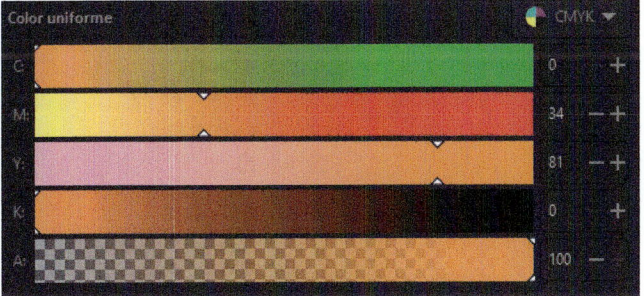

 Actividades

9. Inserte una imagen de mapa de bits en el programa de diseño que esté utilizando. Elija la herramienta cuentagotas y además active la paleta de colores.

Al hacer click en cualquier parte de la imagen se informará de la combinación cromática del color por el que se está pasando.

Relleno degradado

Si se quieren aplicar colores degradados, es decir, transiciones cromáticas de dos o más colores, se utilizarán otras paletas específicas para el degradado y que se localizan en el menú **Ventana/Degradado** en *Adobe Illustrator*, en el menú **Objeto/Relleno de borde** en *Inkscape* o directamente en la herramienta de relleno de la paleta de herramientas de *Coreldraw*.

Paleta de degradado de *Adobe Illustrator* y de *CorelDraw*

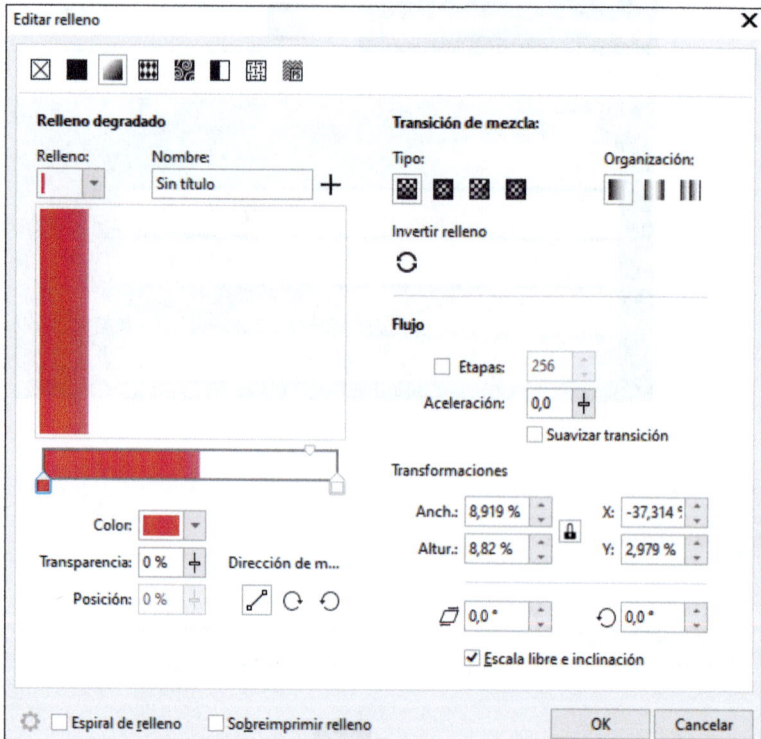

Continúa en página siguiente >>

<< Viene de página anterior

Los degradados pueden adquirir diversos tipos de aplicación para crear efectos variados sobre los elementos y suelen utilizarse en ocasiones para conseguir efectos de volumen en los objetos gráficos y resultados más realistas en las ilustraciones.

Las herramientas de degradados también se pueden configurar y editar para personalizar colores propios activando el editor de degradados del programa. Habitualmente estos editores permiten añadir, eliminar colores, cambiar su ubicación, su ángulo y aplicar transparencias.

Los degradados además se adaptan con diferentes formas predefinidas, de ahí que se pueda optar a los tipos lineal, radial, cónico, cuadrado, etc. A la hora de aplicarlos se creará una línea recta con la propia herramienta del degradado cruzando el objeto y teniendo muy en cuenta el punto inicial y el largo de esa línea, ya que de ella dependerá la extensión y fluidez del degradado.

Tipos de degradados habituales que se encuentran en los programas de diseño gráfico

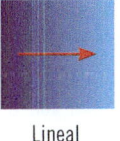

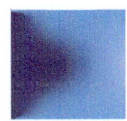
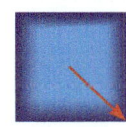

| Lineal | Radial | Cónico | Cuadrado |

Actividades

10. Dibuje tres formas cerradas y aplíquele a cada una de ellas un degradado personalizado: en una deben predominar los tonos fríos (azules y verdes), en otra los tonos cálidos (rojos, naranjas y amarillos) y en la última se debe visualizar la gama cromática del arcoíris.
11. Busque imágenes de logotipos comerciales que utilicen degradados en su símbolo e intente reproducirlos.

Aplicación práctica

Imagine que tiene que utilizar el logotipo de Sony-Ericsson para insertarlo en un gran cartel publicitario de telefonía móvil y solo dispone de la imagen en mapa de bits y de la fuente tipográfica que utiliza esta marca: *HandelGothic BT*. No puede usar la imagen en píxeles porque perdería mucha calidad a la hora de redimensionarlo, así que le piden que haga una composición vectorial con colores similares. Piense sobre cuáles son los elementos de los que está compuesto este símbolo, créelos y haga la composición final del símbolo y la marca.

SOLUCIÓN

Esta es una práctica de reproducción del logotipo de la marca Sony Ericsson y se observará la imagen de mapa de bits. Se deducen las piezas de las que se compone y se observa que todo está elaborado a base de círculos y elipses degradadas y a diferentes tamaños.

Se puede empezar dibujando los círculos sobre la imagen para mantener las proporciones reales. Las piezas que se encuentran en el primer plano tienen huecos que pueden recortarse con formas creadas con la herramienta pluma o bézier o modelando la elipse con la herramienta selección directa *(Adobe Illustrator)* o herramienta forma *(Coreldraw)*, es decir, editando de nodos. Los círculos verdes llevan degradados de tipo radial con diferentes

Continúa en página siguiente >>

<< Viene de página anterior

tonos de verdes y grises. Es importante seguir el orden de niveles de colocación para evitar que algún objeto quede detrás de otros de mayor tamaño. El círculo lleva un detalle de tres pequeños círculos que dan el efecto de brillo a las esferas. Cuando todos los objetos están alineados y colocados en su lugar se agrupan y se elimina su trazo o contorno. Para insertar el texto de la marca se usa la fuente tipográfica *HandelGothic BT.*

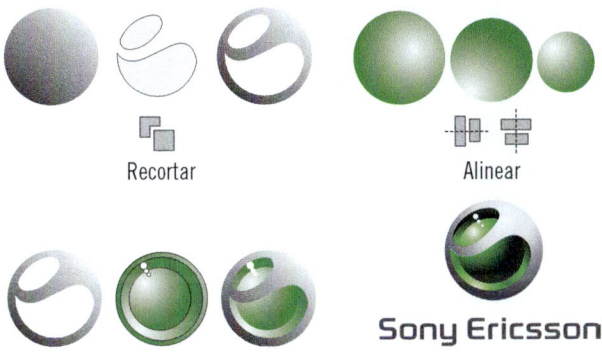

Recortar   Alinear

Relleno de motivo

Los motivos o patrones son grupos de objetos o formas encerradas en una forma rectangular que se repiten indefinidamente como si de un tapiz o estampado se tratara. Se pueden personalizar y redimensionar para aplicarlos a otros elementos gráficos. Para crear patrones o motivos propios se pueden usar imágenes de mapa de bits, formas básicas vectoriales o dibujos más complejos con colores degradados. Algunos programas como *Coreldraw* permiten además descentrar la repetición del patrón o transformar su inclinación o giro.

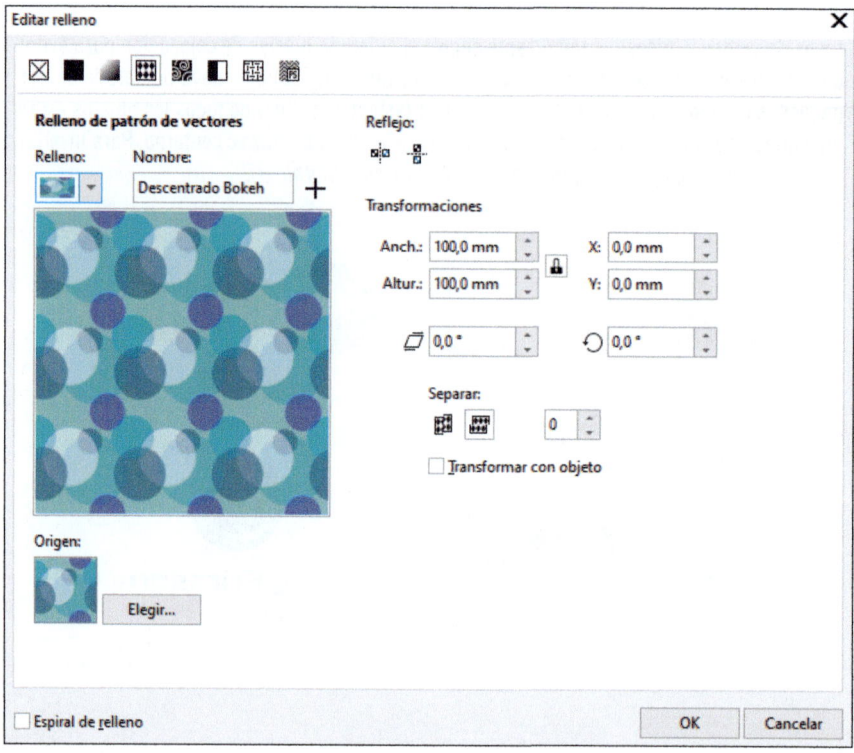

Panel de patrones de CorelDraw

Recuerde

Los patrones se pueden diseñar con elementos gráficos vectoriales, por tanto su escalado no pierde calidad y pueden adquirir grandes dimensiones.

 **Actividades**

12. Imagine que tiene que diseñar una tarjeta navideña con un fondo con motivos típicos de estas fechas: abetos, regalos, bolas, nieve, etc. Busque 2 o 3 imágenes apropiadas en internet que sirvan de referencia y dibújelas con formas vectoriales haciendo uso de los diferentes rellenos. Una vez hecha la composición defina la ilustración como motivo o patrón y aplíquela al fondo de tu tarjeta de felicitación.

3.2. Herramientas para la creación de ilustraciones

La combinación de las formas y las ideas de un diseñador es lo que da como resultado un diseño gráfico, maquetación o ilustración. Es posible crear ilusiones ópticas voluminosas con efecto de profundidad basándose en formas bidimensionales y los efectos de relleno son los responsables de estos resultados. Las ilustraciones creadas mediante elementos gráficos vectoriales pueden alcanzar un realismo indiscutible gracias a estos rellenos, aunque el buen resultado siempre dependerá de la habilidad artística del creativo y del uso de las herramientas que utilice.

Para la creación y edición de ilustraciones vectoriales se dispone de herramientas similares a las de la creación de logotipos, con la diferencia de que el número de objetos aumentará, no serán formas tan básicas ni geométricas y se trabajará más con herramientas de mano alzada y degradados más puntuales.

Adobe Illustrator, Coreldraw o *Inkscape* son programas adecuados para realizar ilustraciones vectoriales gracias a su variedad de herramientas y combinación de rellenos, además algunos disponen de aplicaciones de calco y vectorización que ayudan al ilustrador a mejorar la calidad en sus gráficos, ya que permiten convertir las imágenes de mapa de bits en ilustraciones vectoriales de diferentes calidades de acabados.

La ilustración con rellenos degradados adquiere un efecto
más voluminoso que la ilustración de relleno uniforme

 Actividades

13. Busque ilustraciones vectoriales en la red e investigue cómo las han realizado los propios diseñadores. Muchos de ellos desarrollan tutoriales explicativos sobre el proceso de creación de sus trabajos, los trucos, qué programas y herramientas han utilizado, etc.

Rellenos de malla

Para crear degradados más elaborados en ilustraciones vectoriales se suelen utilizar rellenos de malla. Se basan en la aplicación de puntos de color en la unión de dos líneas perpendiculares de un mallado editable que se asigna al objeto gráfico. Esto permite que las formas obtengan un acabado más personalizado, ya que el color no está limitado a los tipos habituales de forma lineal, radial, cónica o cuadrada.

**El relleno de malla permite una variedad cromática personalizada
ubicando un color en cada unión de las líneas perpendiculares**

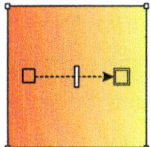
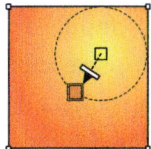
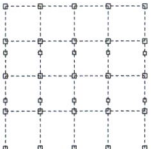

Degradado lineal   Degradado radial   Relleno de malla

El relleno de malla también permite modificar las celdas de las que está compuesto para conseguir un efecto tridimensional a la hora de aplicar el color. Funcionan mediante nodos curvos que se pueden ir adaptando a una forma determinada.

**El relleno de malla ofrece un efecto fotorrealista y más
elaborado que la aplicación de degradados básicos**

Relleno degradado radial   Relleno de malla

 ## Nota

El relleno de malla supone un trabajo muy laborioso pero gratificante. Cuantas más celdas se apliquen más detalles de color se podrán apreciar. Hay que saber analizar las zonas donde se ubicarán las luces y sombras para conseguir un resultado coherente.

Relleno de malla en Adobe Illustrator

Para trabajar el relleno de malla en *Adobe Illustrator* se debe antes dibujar la forma del objeto, seleccionarla y elegir el menú **Objeto/Crear malla de degradado.** En la ventana de esta aplicación se pueden modificar tanto las filas, como las columnas del mallado. Para aplicar colores independientes se seleccionan uno o más nodos intermedios mediante la herramienta Selección Directa y se elige un color de la paleta de colores. El color se visualizará alrededor de ese nodo teniendo como límites el cuadrante que lo rodea.

Proceso de aplicación del relleno de malla en *Adobe Illustrator*

Continúa en página siguiente >>

<< Viene de página anterior

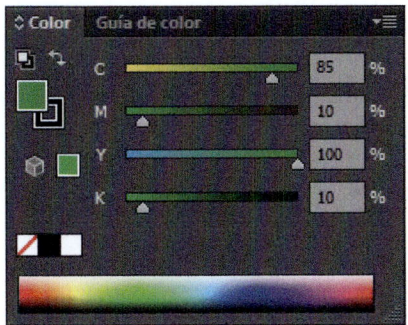

Relleno de malla en Coreldraw

En *Coreldraw* esta aplicación se identifica como *Relleno interactivo de malla.* Las opciones de configuración se encuentran en el último icono de la barra de herramientas. Hay que tener un objeto dibujado y seleccionado para que la configuración de las celdas aparezca en la barra de propiedades (parte superior izquierda) y donde se podrá configurar el número de columnas y filas. Para aplicar los colores se seleccionan los nodos con la herramienta forma y se elige el tono desde la paleta de color.

Proceso de aplicación del relleno de malla en *CorelDraw*

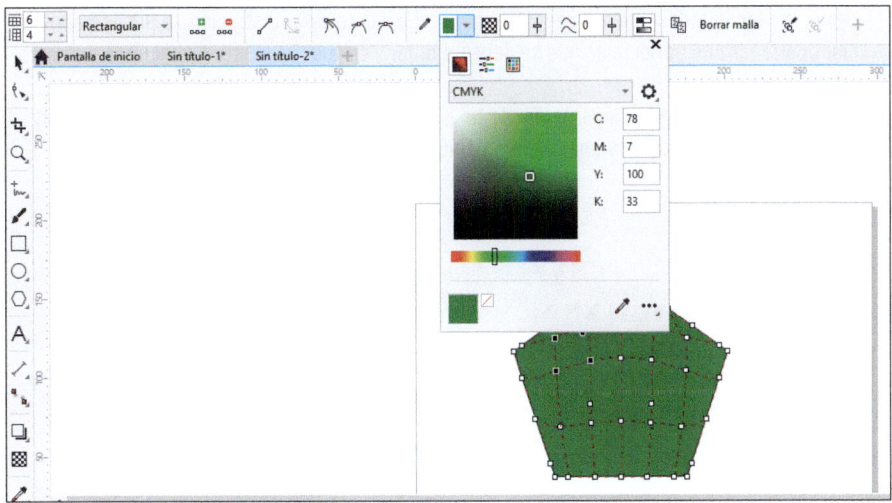

Aplicación práctica

Suponga que un proveedor de frutas necesita que le haga la ilustración de una porción de sandía para estamparla mediante serigrafía en su vehículo de reparto. Le piden una ilustración vectorial que tenga un gran efecto realista. Piense cómo haría esta ilustración y las herramientas que puede utilizar, explíquelo y dibújelo.

SOLUCIÓN

Al realizar una ilustración vectorial es necesario tener algunos conocimientos de dibujo, pero sobre todo mucha capacidad de observación para conseguir el acabado realista de la imagen.

Para hacer la porción de una tajada de sandía se puede recurrir de nuevo a un banco de imágenes para familiarizarse con la forma y los colores.

Una vez elegida la fotografía se debe observar el número de objetos que se pueden dibujar según las tonalidades que más destaquen. En el caso de esta ilustración se pueden apreciar cuatro formas principales que se deben dibujar y colocar en el orden adecuado.

Para dar color se puede empezar dando una base de degradado radial a cada pieza con colores similares a los de la imagen, a continuación se aplica el relleno de malla.

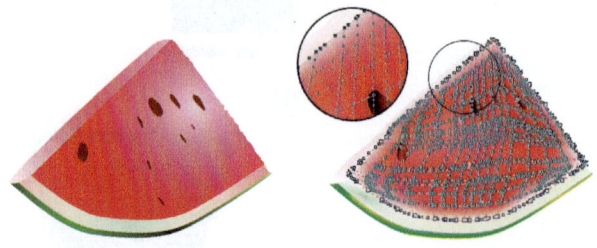

Continúa en página siguiente >>

<< Viene de página anterior

Se seleccionan varios nodos a la vez para aplicar la misma tonalidad a todos ellos. No se debe dejar de observar los brillos de la fotografía para ubicar las zonas más claras. Mientras más celdas se hayan creado más posibilidades de detalles cromáticos. Es laborioso pero ofrece resultados espectaculares.

 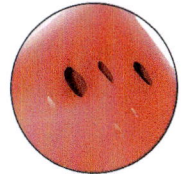

4. Conceptos básicos de la aplicación de la imagen en diseño gráfico

Cuando se insertan imágenes en proyectos de diseño gráfico se debe considerar con anterioridad el tipo de trabajo que se va a realizar, por ejemplo el dispositivo de salida: si es para presentaciones multimedia, un diseño para página web, si tendrá una salida de impresión como un folleto publicitario, maquetación para un catálogo, diseño de logotipos y sus aplicaciones corporativas, etc., pero además, cada imagen que se inserte en un proyecto debe considerarse con el máximo cuidado no solo por sus características técnicas de salida, sino por la composición y las formas que es lo que distingue un diseño de un apilamiento de objetos dentro de un espacio.

Cada forma tiene una función en el espacio donde se va a ubicar y la percepción varía notablemente cuando se perciben esos contenidos gráficos. Las imágenes casi siempre cubren un espacio más llamativo dentro de los límites del formato, contienen más peso visual que una caja de texto o un vacío de fondo, por tanto también es necesario controlar y equilibrar la relación entre imagen, texto y fondo para conseguir una comunicación enérgica.

Por ejemplo, los formatos habituales de una composición suelen ser verticales u horizontales, la verticalidad puede provocar un empuje de elevación o de bajada, sin embargo la horizontalidad expresa tranquilidad y apoyo. La ubicación de las imágenes o formas en estos formatos es crucial para conseguir transmitir un mensaje ya que el cerebro necesita ver y reconocer esas formas para identificar las cosas e inconscientemente transmite un significado.

Los colores y las formas es lo que primero atrae a la vista al espectador y no solo sirven como mensaje o imán de atención, sino que compositivamente provocan una separación del contenido textual para evitar estructuras repetitivas y son una guía para incitar a la lectura del contenido escrito.

 Actividades

14. Investigue haciendo una búsqueda de diseños gráficos publicitarios en prensa o revistas y reflexione sobre la composición y distribución de los diferentes elementos que los componen y los posibles mensajes de atención que provocan.

4.1. La imagen en los trabajos de maquetación

El diseñador siempre es la persona responsable de mantener el ritmo y secuencia del contenido que debe insertar y por tanto el encargado de resolver la relación visual entre texto e imagen. El cliente suele entregar un contenido que considera ordenado, pero este material se recibe habitualmente en bruto y es tarea del diseñador, en primer lugar, entenderlo y después reordenarlo.

En trabajos de maquetación se suele recurrir al sistema de retículas ya que ofrecen claridad, continuidad y eficiencia. Las imágenes y los textos tienen una ubicación establecida y permiten insertar la información en espacios ya definidos. Las retículas ofrecen una unidad de todo el material con características y proporciones similares en cada página con el fin de lograr una visualización fluida y efectiva. El programa más adecuado para maquetación es *Adobe Indesign* que permite estructurar textos e imágenes en archivos que almacenan una innumerable cantidad de páginas en el mismo documento.

Lorem ipsum dolor sit amet, consectetur adipiscing elit. Maecenas mollis condimentum justo non vehicula. Maecenas in urna id odio suscipit dignissim. Vivamus malesuada vel magna a faucibus. Quisque eu nulla vitae nunc pretium varius quis nec nisi. Nam vel nisl pharetra, convallis dolor vestibulum, aliquet turpis. Nullam placerat pretium ante, non lacinia lacus mattis

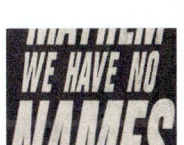

Lorem ipsum dolor sit amet, consectetur adipiscing elit. Maecenas mollis condimentum justo non vehicula. Maecenas in urna id odio suscipit dignissim. Vivamus malesuada vel magna a faucibus. Quisque eu nulla

Vivamus malesuada vel magna a faucibus. Quisque eu nulla vitae nunc pretium varius quis ne

Lorem ipsum dolor Adipiscing elit. Maecenas mollis condimentum justo non vehicula. Maecenas in urna id odio suscipit dignissim. Vivamus malesuada vel magna a faucibus. Quisque eu nulla vitae .

Nam vel nisl pharetra, convallis dolor vestibulum, aliquet turpis. Nullam placerat pretium ante, non lacinia lacus mattis sed. Morbi in nunc eu lectus malesuada ultrices. Ut non ante vel sem facilisis lobortis sed vitae erat. Etiam lacinia enim nulla.

Lorem ipsum dolor Adipiscing elit. Maecenas mollis condimentum justo non vehicula. Maecenas in urna id odio suscipit dignissim. Vivamus malesuada vel magna

Las retículas separan sus componentes con la finalidad de obtener una estructura óptima de lectura

Actividades

15. Busque diferentes folletos publicitarios de grandes centros comerciales que suelan lanzar ofertas semanales, mensuales o de temporada y compare el diseño de retículas de cada uno de ellos.

Las imágenes en una maquetación a base de retículas se integran entre los textos cumpliendo una función de continuidad de lectura, aunque en ocasiones se puede romper ese orden o ritmo de la estructura para conseguir llamar la atención del lector y alterar la composición y es labor del diseñador saber mantener alguna referencia gráfica con la estructura anterior y posterior para que el diseño no se distancie del estilo de maquetación ya establecido.

¿? Sabía que...

El diseño de retícula ha sido en muchas ocasiones rechazado porque se pensaba que demasiado orden y precisión limitaban la creatividad del diseñador. Con el tiempo, los creativos se han dado cuenta que la claridad y el orden son esenciales para transmitir y organizar las ideas.

En cuanto al almacenamiento de documentos de maquetación las imágenes insertadas en catálogos deben organizarse ordenadamente en directorios o carpetas comunes, ya que mantienen un vínculo de enlace con el documento de la imagen. Si se envía el documento a imprimir el programa busca el archivo original en alta resolución dentro de la estructura de archivos del ordenador. Si se cambia el nombre o la ubicación se romperá el vínculo y no será posible su edición.

4.2. La imagen en diseños no estructurados

Un diseño no estructurado es aquel que organiza la información y las imágenes sin retícula y se guía por una composición funcional pero sobre todo creativa. Son los diseños que rompen normas estructurales y buscan una nueva conexión de impacto visual manteniendo el equilibrio visual y tensión de formas, color y textos. Los diseños no estructurados mediante retículas se utilizan principalmente en la cartelería publicitaria, folletos, *flyers, banners,* etc.

Ejemplos de diseño no estructurado

En este tipo de diseño gráfico se suelen insertar imágenes originales en mapa de bits o dibujos vectoriales. Son documentos que contienen una o dos páginas o mesas de trabajo y se pueden realizar con programas de dibujo vectorial que permiten dar las dimensiones de impresión del trabajo desde su inicio y disponen de más herramientas artísticas y creativas que los habituales programas de maquetación.

 Actividades

16. Piense en alguna película de estreno que esté ahora mismo en el cine y busque las publicidades que la promocionan en diferentes soportes: valla publicitaria, cartel, web oficial, marquesinas de autobuses, etc. Compare la distribución de los mismos elementos gráficos y las soluciones que se le han dado a cada formato.

5. Parámetros técnicos de reproducción

A la hora de crear un diseño hay que tener en cuenta cómo va a ser su reproducción, los colores que se van a utilizar, el material en el que se va a imprimir. No es lo mismo hacer un diseño de tirada larga mediante *offset* o flexografía que imprimir una camiseta mediante serigrafía, por tanto se debe conocer cómo funcionan los colores y las máquinas más importantes de reproducción.

5.1. Tintas planas

Cuando se habla de reproducción se debe atender principalmente al color del diseño: si es un color directo, una cuatricromía o ambos. Un color directo es una tinta que se imprime mediante una plancha propia, la más habitual es HKS *(Hostert-krause-Stickfarben,* en español, colores de pasta *Hostert-krause)* que se usa en impresión hoy en día como evolución de Pantone, sobre todo cuando usa *Adobe Illustrator* y sea imprescindible que un color se imprima en su correcta tonalidad, como en el caso de los colores de los logotipos corporativos, o cuando se buscan tonalidades fluorescentes, dorados o plateados, es decir, todos aquellos colores que una combinación de cuatricromía no puede abarcar.

HKS es uno de los sistemas de control más utilizados en el diseño gráfico y la impresión; al igual que Pantone, HKS está compuesto por una amplia gama de colores, cada uno identificado por un número único, para que la impresión sea igual independientemente del soporte. Además, proporciona muestras físicas de colores mediante una serie de guías de color impresas en papel, tanto recubiertas como no recubiertas.

Hay disponibles varios tipos de paletas como HKS K (incluye colores básicos y tonos pasteles), HKS N (colores especiales como fluorescentes y metálicos), HKS E (colores especiales como perlados) o HKS Z (colores con tonos brillantes).

Localización de la paleta de colores en *Adobe Illustrator*

Continúa en página siguiente >>

<< Viene de página anterior

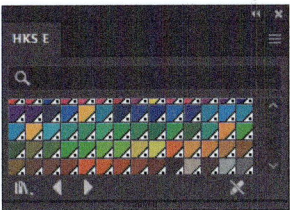

En *CorelDraw* se puede elegir entre varios tipos de paletas CMYK, RGB o paleta de matices de gris. Para elegir el tipo de color se recurre también al menú **Ventana/Paleta de colores.**

Localización de la paleta de colores en *CorelDraw*

Consejo

Los colores que se aprecian en una pantalla no son demasiado fiables en cuanto al resultado de su reproducción impresa. Se aconseja hacer uso de guías de colores que determinen los colores exactos que se van a imprimir. Las guías son muy útiles para comprobar que los colores aplicados en el diseño son similares al resultado que ofrece la imprenta.

Actividades

17. Active la paleta de HKS N del programa y aplique un color de esta gama a algún objeto. Observará que en pantalla no se aprecia la impresión metálica que debería dar, por eso es necesario usar la guía Pantone para ver el color real de impresión en el papel.

Guía de colores

5.2. Cuatricromía

Si la impresión es una **cuatricromía** quiere decir que se van a combinar las tintas básicas CMYK (cian, magenta, amarillo y negro) en porcentajes diferentes superponiéndose las cuatro tintas entre ellas para conseguir el resultado cromático del diseño. La cantidad de tinta varía desde el 0 % o ausencia del color, hasta el 100 % de tinta que sería un cubrimiento total.

No se aconseja ajustar el color basándose en la imagen del monitor, ya que ni es exacto ni coherente con respecto a la impresión final. Los monitores usan un sistema luz de color (RGB) y mediante las tintas no se puede conseguir la misma gama que ofrecen las fuentes luminosas. Lo más adecuado es disponer de guías de color impresas en diferentes papeles que en ocasiones elaboran y que pueden proporcionar las propias imprentas.

Al imprimir un color CMYK se crean unas pequeñísimas tramas de semitonos formadas por puntos de los distintos colores y a diferentes tamaños según el porcentaje de tinta que cubrirá la superficie.

El sistema CMYK crea una combinación de tramas de puntos para procesar cada color

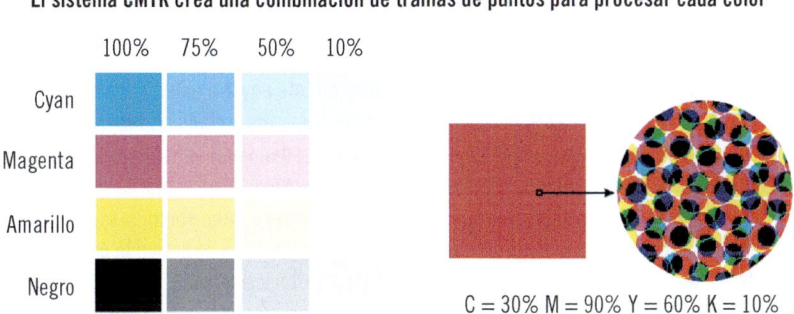

C = 30% M = 90% Y = 60% K = 10%

5.3. Hexacromía

Desde finales de los años 90 existen nuevas técnicas de impresión que introdujo la casa *Pantone* y están basadas en la cuatricromía tradicional pero con el añadido de los colores naranja y verde (O y G) a los ya conocidos CMYK. Cuando se añaden esos dos colores se le llama **hexacromía,** y se usa en impresoras de alta gama y en algunas impresoras *offset* avanzadas, siendo algo muy popular en la impresión de alta calidad. Con la hexacromía se obtienen imágenes de muchísima definición y contraste, así como colores más brillantes y uniformes.

Sistema de hexacromía de combinación de seis colores

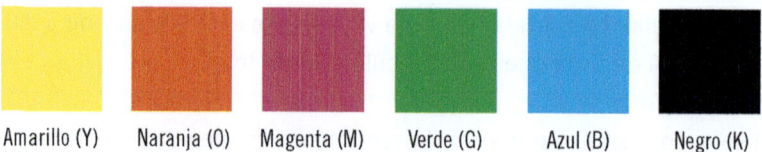

Amarillo (Y)   Naranja (O)   Magenta (M)   Verde (G)   Azul (B)   Negro (K)

Aplicación práctica

Imagine que un cliente envía por *e-mail* el logotipo de su empresa en formato JPG para vectorizarlo y además da por escrito las características cromáticas de la imagen, es decir, su combinación CMYK (5,4,100,0), (60,16,0,0), (85,85,0), (4,100,75,0) y HKS (102c, 292c, 7481c, 199c). El logotipo representa un trébol de cuatro hojas y le pide que le haga una versión en cuatricromía y otra con los colores HKS. ¿Cómo crearía esta imagen y cómo haría las dos versiones de color?

SOLUCIÓN

En primer lugar se debe almacenar la imagen que el cliente envía e insertar en el programa gráfico. Se hace la reproducción de las formas de las hojas del trébol con las herramientas de dibujo dejando cada hoja como elementos independientes. Para aplicar el color CMYK se debe activar la paleta de colores y, a medida que se selecciona cada hoja, se va indicando el porcentaje de cian, magenta, amarillo y negro que le corresponde, según las indicaciones del cliente. Se duplica toda la composición a un lado de la página y se activa la paleta HKS K. Se vuelve a seleccionar cada elemento del logotipo y se busca el color que le corresponde tal y como dijo el cliente. En los manuales corporativos también se suele escribir con texto y pequeñas muestras de color la numeración HKS utilizada su combinación CMYK.

5.4. Serigrafía

Otro medio de impresión principalmente comercial es la **serigrafía.** Funciona mediante una fina tela tensada sobre un bastidor conocida como pantalla. Están impermeabilizadas por ciertas partes para que la tinta traspase y llevan una espátula móvil que fija el color. Las prensas serigráficas llegan a montar cuatro bastidores, uno por color, estos se van sucediendo simultáneamente y van secándose mediante luces ultravioletas uno tras otro.

Máquina de serigrafía para grandes tamaños de impresión

La aplicación de la serigrafía es muy variada y se utiliza tanto en la reproducción de carteles o vallas publicitarias, como en la estampación de tejidos, cueros, plásticos, madera, calcomanías, cristal, rotulación de vehículos, aluminios, etc. En el caso de objetos industriales mecanizados como botellas o latas son estos los que se desplazan mientras las espátulas se mantienen fijas y los objetos giran mientras son imprimidos.

La diferencia de la serigrafía respecto a otras técnicas es el método de impresión, ya que no imprime la superficie mediante un cilindro sino mediante la presión de la espátula o rasqueta sobre la pantalla.

 Sabía que...

La serigrafía comenzó en China y Japón. Usaban hojas de plátano con dibujos recortados, las colocaban sobre las telas y le untaban unos tintes vegetales para estampar los tejidos.

5.5. Flexografía

Otra técnica de impresión es la **flexografía:** una impresión de relieve utilizada en multitud de materiales como el papel, cartón, plástico o metal que se basa en el estilo de impresión filatélica. Actualmente usan planchas de fotopolímero y permite imprimir en materiales no absorbentes. El polímero es fotosensible y la tinta se transfiere a este soporte de impresión a modo de reflejo de espejo. Permite una impresión de hasta diez colores incluido el blanco para soportes transparentes. Después de la serigrafía es la técnica con menos limitaciones para imprimir materiales.

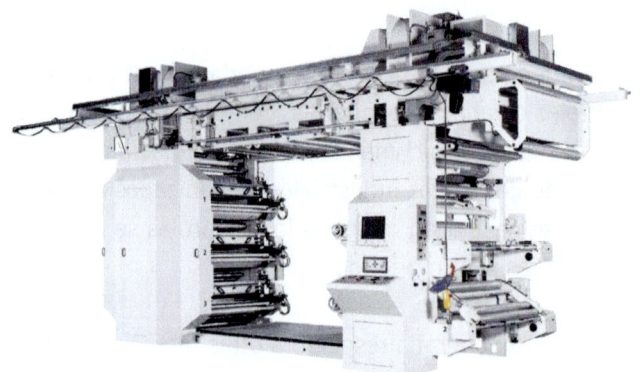

Prensa flexográfica

 Actividades

18. Investigue sobre el origen de la flexografía y compárelo con el sistema actual de impresión.

5.6. Offset

La impresión *offset* es la técnica de impresión más común para trabajos como folletos, revistas, periódicos, tarjetas, carteles, etc. Hay dos tipos de máquinas *offset:* las que se alimentan por hojas y las rotativas de papel continuo. Estas últimas son más adecuadas para tiradas de más de 50.000 ejemplares. Las más comunes son las de alimentación por hojas y suelen utilizar tamaños desde A3 hasta el A0 y son las apropiadas para impresión de libros, folletos publicitarios o carteles. Las *offset* rotativas suelen incluir plegados y cosidos para el material impreso y son perfectas para grandes tiradas como revistas o periódicos.

El sistema de impresión *offset* funciona mediante rodillos y suelen tener tres componentes cilíndricos principales por color:

- **Cilindro portaplancha:** es un cilindro de aluminio donde se imprime la imagen. Recibe una cobertura de agua por las zonas no imprimibles para repeler la tinta (zona hidrófila), y otra cobertura que atrae la tinta y repele el agua (hidrófoba).
- **Cilindro portacaucho o portamantilla:** es donde se añade la tinta que se adhiere a las zonas de impresión de la plancha que al ser blanda y elástica se adapta mejor al papel y hace que la transmisión de la tinta sea más homogénea.
- **Cilindro impresor:** es el que hace presión sobre la mantilla para imprimir el color, ya que el papel pasa entre estos dos últimos.

Gráfico del sistema de rodillos y máquina de impresión offset

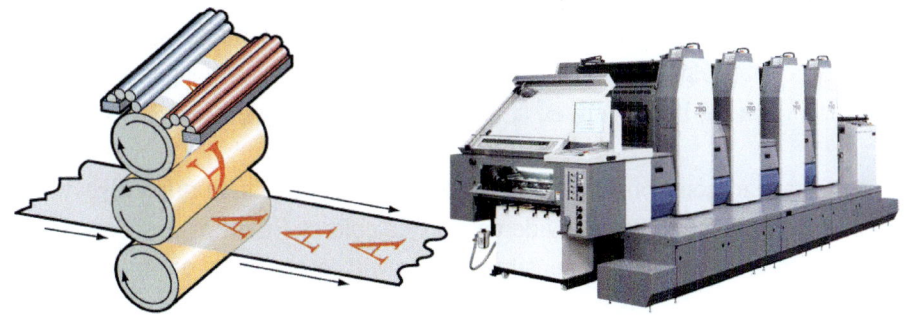

6. Tratamientos básicos de la imagen

Las imágenes digitales se utilizan a diario en multitud de dispositivos y con una gran variedad de formatos. Hoy en día la telefonía móvil, las cámaras digitales, los escáneres, internet, etc. son las fuentes más comunes que permiten adquirirlas y tratarlas, pero se debe conocer cómo llegan desde estos dispositivos, ya que no todas son adecuadas para los trabajos de diseño gráfico.

6.1. Escáneres

Permiten capturar una imagen original impresa en papel y la convierte en una imagen digitalizada que se podrá visualizar y editar en el ordenador. El escáner plano de sobremesa es el más común entre los usuarios y existe una infinidad de modelos en el mercado, desde los más sencillos de uso doméstico, hasta los más profesionales. Algunos pueden ser multifunción, que además de digitalizar también imprimen o permiten enviar fax.

Es importante conocer cómo funciona un escáner porque de ello dependerá la calidad de salida digital de las imágenes. Al hacer una captura el escáner hace una división mediante una cuadrícula sobre la imagen original y cada cuadrado de esa cuadrícula se convertirá en un píxel o punto de escaneado. Mientras más densa sea la cuadrícula, mayor calidad ofrecerá la imagen capturada. Por eso al hablar de resolución se hace referencia al número de píxeles o puntos dentro de una unidad de medida, como es la pulgada o el centímetro. Normalmente los escáneres capturan en ppp (puntos por pulgada) y es bueno saber que una pulgada equivale a 2,54 cm, por tanto una imagen que tiene una resolución de 100 px/cm es igual que una imagen que tiene 254 px/pgd.

Al escanear, cada punto es iluminado por una luz blanca que proyecta el escáner y la luz reflejada se divide en los tres colores RGB (rojo, verde y azul) y mediante unas células fotosensibles se convertirá esa señal en un valor numérico de bits.

A mayor resolución mayor calidad de imagen, pero también supone mayor peso de archivo por tener más información registrada. Una calidad óptima de escaneado arranca desde los 300 ppp en adelante.

Modelos de escáner para uso doméstico

Actualmente también se suele usar para escaneado no profesional, aplicaciones de escaner que vienen integradas en los teléfonos móviles.

6.2. Cámaras digitales

Permiten capturar imágenes con tecnología fotográfica. El sistema de captura se parece al del escáner ya que las cámaras disponen de un sensor de imagen que registra la luz del objeto que se fotografía y los transforma en RGB.

Las cámaras se clasifican según el máximo de píxeles que capturan y se miden en mega píxeles, es decir, en los millones de píxeles que puede tener una imagen como máximo.

La calidad que ofrecen las cámaras digitales no debe basarse en la cantidad de mega píxeles, sino en la calidad electrónica y de óptica que ofrecen las diferentes marcas y modelos que es lo que las hace diferenciar de precio.

6.3. Conversión de imágenes de mapa de bits a vectoriales

Como se ha podido observar, las imágenes digitales se pueden clasificar en mapa de bits y vectoriales. Hay una gran diferencia entre ellas pero ambos tipos son perfectos para cualquier composición gráfica, solo se debe tener muy

Diferentes tipos de cámaras digitales: compacta, semicompacta y réflex SLR

presente la calidad y resolución de las que se muestran en las de mapa de bits. Aún así, si lo que interesa es trabajar solamente con elementos gráficos vectoriales, existe la posibilidad de convertirlos de un modo a otro a través de un proceso conocido como vectorización.

La **vectorización** es la conversión de imágenes formadas por píxeles en imágenes formadas con gráficos vectoriales. Por ejemplo, se puede convertir cualquier fotografía de imagen real, consiguiendo un resultado con efectos de dibujo artístico y con la posibilidad de escalarlo a cualquier tamaño.

Una solución para vectorizar sería crear formas una a una hasta conseguir una simulación de la imagen original. Es un proceso que se utiliza por ejemplo con los logotipos si no se dispone del documento original vectorizado.

Para vectorizar imágenes de mapa de bits existen unas aplicaciones en los programas de diseño que permiten una rápida conversión de imagen a dibujo vectorial. Solo tiene algún inconveniente, y es el gran número de objetos que pueden crear con las fotografías de imagen real, ya que el proceso se va limitando a las zonas cromáticas más definidas.

Efecto visual del mismo logotipo en mapa de bits y en formato vectorial

Logotipo en mapa de bits   Logotipo vectorial

Calco de imagen con Adobe Illustrator

Adobe Illustrator ofrece la opción de vectorizar automáticamente con la operación **Calco.** Se encuentra en el menú **Objeto/Calco de Imagen** y también se activa esta opción directamente en la barra de propiedades cuando se ha colocado y se deja seleccionada una imagen en mapa de bits dentro del documento.

Resultado de la conversión de una imagen en mapa de bits a formato vectorial con Adobe Illustrator

Imagen original   Calco vectorial 16 colores

Las opciones de conversión vectorial en *Adobe Illustrator* son variadas, foto de alta y baja calidad, 3 y 16 colores, siluetas, blanco y negro, gráfico con bosquejo, etc. Una vez realizada la ilustración vectorial hay que convertir la imagen resultante a trazados mediante la opción del menú **Objeto/ Calco de Imagen/Expandir.** Así se podrán editar las curvas de los objetos.

Sabía que...

Si se recorta un elemento de una imagen o se elimina su fondo con un programa de edición de imágenes como *Adobe Photoshop,* la vectorización quedará reducida al elemento principal y así se le podrá aplicar diferentes fondos personalizados sin tener que retocar los objetos de la vectorización.

Vectorización de mapa de bits con Coreldraw

En Coreldraw la vectorización también se realiza en el momento de importar una imagen en mapa de bits. Al estar seleccionada aparecerá en la barra de propiedades la opción **Vectorización de mapa de bits** donde se puede elegir la vectorización por contorno con efecto logotipo, imagen de alta y baja calidad, *clipart,* arte lineal, etc. Además *Coreldraw* ofrece una vista previa antes de confirmar el modo elegido.

Resultado de la conversión de una imagen en mapa de bits a formato vectorial con Coreldraw

Imagen original   Imagen vectorizada en modo clipart

Nota

La vectorización de imágenes es práctica para crear ilustraciones, pero al convertirlas en gráficos vectoriales crea multitud de elementos contiguos no solapados.

7. Modos de color

Se llama modo de color al sistema que permite describir el color de cada píxel en una imagen digital. Se puede distinguir entre varios modos que se caracterizan por su profundidad de color y que pueden tener desde 1 hasta 32 bits.

Mapa de bits

Las imágenes que se conocen como mapa de bits son aquellas que no tienen un formato vectorial y dependen de su tamaño de impresión y del número de píxeles de resolución en una unidad de medida para apreciar su calidad de visualización e impresión. Son las imágenes que por ejemplo se pueden adquirir mediante dispositivos externos como el escáner, cámaras digitales o fotografías de telefonía móvil.

Cuando se trabaja con imágenes formada por píxeles pueden estar compuestas por un número variable de colores, a todo color, en escala de grises o directamente blanco y negro que es el más sencillo de todos ya que está compuesto por píxeles únicamente blancos y negros.

Los dibujos realizados en modo blanco y negro ocupan el mínimo de memoria un solo bit. Para resumir brevemente la definición de BIT *(Binary Digit)* se puede decir que es la unidad mínima de información en un ordenador que funciona mediante una señal electrónica de encendido (1) o apagado (0). Una imagen monocromática tiene un bit en cada píxel (blanco o negro) mientras que una de 8 bits (1 *byte)* soporta hasta 256 colores.

Para tratar el modo de color en las imágenes de píxeles el programa más adecuado es *Adobe Photoshop.* Para cambiar el modo de color de las imágenes se hace desde el menú **Imagen/Modo.**

Ejemplo gráfico de la visualización del detalle de una imagen vectorial y otra en mapa de bits

Zoom 100 % original   Zoom 300 % vector   Zoom 300 % mapa de bits

Escala de grises

Las imágenes en escala de grises están compuestas por píxeles blancos, negros y otros matices de grises. Son las que adoptan una gama tonal desde color 0 % (blanco) al 100 % (negro). Según la cantidad de memoria que se le asigne a cada píxel pueden abarcar desde 256 (8 bits) y reducirlo hasta 1 bit. El ojo humano puede percibir unos 100 matices, por tanto los 256 son suficientes para percibir este tipo de imágenes.

Duotonos

Las imágenes duotonos son virados de imágenes en escala de grises donde existe además del negro, otro tono de impresión. Este tipo de imagen no suele ocupar mucho más espacio que una imagen en escala de grises, simplemente se le añade información sobre un segundo color.

Conversión de diferentes modos de color

| Dibujo de línea (negro) | Escala de grises (negro) | Duotono (magenta + negro) | Cuatricomía (CMYK) |

En *Adobe Photoshop* se convierten las imágenes en duotono una vez se hayan pasado al modo de escala de grises desde el menú **Imagen/Modo/Escala de grises,** y al volver de nuevo al mismo menú aparecerá la opción de convertir al modo duotono y se podrá optar a una segunda tonalidad (duotono), a tres colores (tritono) o cuatro colores (cuadritono).

Imagen convertida a modo duotono y menú de opciones de Adobe Photoshop

Modo RGB

El modo RGB (rojo, verde y azul) o sistema aditivo es el modo de color que utilizan las pantallas, televisores y todos aquellos dispositivos que tienen proyección de luz. Son tres imágenes en escala de grises combinadas por donde entra dicha luz. Cuando las tres contienen zonas blancas supone la suma de estos tres colores y mostrará el blanco (R = 255, G = 255, B = 255). Cuando el negro aparece en los tres colores a la vez es porque no hay entrada de luz en ninguno de ellos (R = 0, G = 0, B = 0). El resto de tonos dependerá de las escalas de grises de cada uno de los canales de estos colores. Cada color de las imágenes RGB de 8 bits tiene por tanto un valor de 0 a 255, por lo que permiten una variedad de 16,8 millones de colores diferentes (255 x 255 x 255).

Visualización de una imagen **RGB** y la representación de cada canal en escala de grises. En el canal rojo se aprecian más tonalidades claras porque es el tono que más predomina en toda la imagen.

| Imagen original | Canal rojo | Canal verde | Canal azul |

Recuerde

Antes de imprimir una imagen RGB se aconseja convertirla al modo CMYK, que es el modo que utiliza las tintas de impresión. Esto es así porque a la hora de imprimir los colores pueden variar notablemente.

Para poder visualizar cada canal RGB en *Adobe Photoshop* hay que ir al menú **Ventana/Canales.** Al seleccionar alguno de los colores se visualizará cada tonalidad en escala de grises.

Modo CMYK

El modo CMYK es el que se utiliza para imprimir imágenes en color y utiliza las tintas cian, magenta, amarillo y negro. Es el modo de la cuatricromía. Estas imágenes están compuestas por cuatro canales de color a diferentes escalas de grises que representan la cantidad que cada tinta utiliza a la hora de su impresión.

Visualización de una imagen CMYK y representación de cada canal en escala de grises. Los tonos más oscuros es por donde entra la tinta en el proceso de impresión

Imagen original   Canal cyan   Canal magenta   Canal amarillo   Canal negro

Modo indexado

El modo de color indexado es el sistema que utiliza un máximo de 256 colores para toda la imagen. No es la más adecuada para la impresión ya que dispone de una variedad cromática muy limitada. Se suele utilizar para visualizar imágenes en la web, por ejemplo los archivos de formato gif. La paleta de color está compuesta por muestras de cada uno de ellos. Las imágenes en modo indexado solo contienen una sola imagen de píxeles de 256 colores, como en las imágenes en modo de escala de grises, y no disponen de separación de color como en RGB o CMYK, por lo que su peso se reduce notablemente. Para convertir una imagen a color indexado debe estar en RGB y con *Adobe Photoshop* hay que ir al menú **Imagen/Modo/Color indexado.**

A la izquierda imagen en modo RGB, a la derecha la misma imagen convertida a color indexado. Se puede apreciar claramente la reducción del número de colores

7.1. Diferencias e idoneidad de su utilización

Las diferencias que existen entre los modos de color son principalmente los colores básicos que lo conforman y la función que se le aplicará a cada fotografía. No es recomendable usar el mismo modo para una imagen que se va a utilizar en un diseño web, en un vídeo o la que se tiene previsto imprimir.

El modo RGB son colores luz donde cada color (rojo, verde y azul) tiene una intensidad que va desde 0 a 255 tonalidades, pudiendo obtener una variedad cromática de más de 16 millones de colores. Es el modo adecuado para trabajar con imágenes que se van a reproducir en pantalla, es decir, para páginas web, presentaciones *online,* vídeo, etc.

El modo CMYK se crea a partir de las cuatro tintas: cian, magenta amarillo y negro. Su rango se mide desde 0 a 100 en vez de los 256 niveles del RGB. Es el modo adecuado para imprimir físicamente, es decir, se utiliza para la salida de imprenta y se aconseja tener las imágenes en ese modo para evitar sorpresas a lo hora de imprimir los trabajos.

El modo indexado utiliza un máximo de 256 colores y gracias a su poco peso es adecuado para las imágenes del diseño web.

La escala de grises convierte los niveles de color en niveles de grises como si fuera una fotografía tradicional en blanco y negro, y cuando se le añade a estos una nueva tinta de impresión se le llama duotono (dos tintas) o tritono (tres tintas) o cuadritono (cuatro tintas).

 Actividades

19. Convierta una imagen RGB en los diferentes modos de color y analice sus diferencias visuales.

8. Tabletas gráficas

Una tableta gráfica es un dispositivo de entrada de datos gráficos sobre el que se puede escribir o dibujar como si se usara un lápiz sobre un papel. Se empezaron a utilizar para aplicaciones de diseño asistido (CAD/CAM), pero actualmente es una herramienta imprescindible para todo diseñador o ilustrador por su semejanza con el hábito del dibujo manual. Permite más libertad en los trazos y una gran precisión gráfica. Suelen tener un tamaño mínimo de A6 y uno máximo de A3.

Las tabletas gráficas son tablas relativamente cuadradas que se apoyan sobre la mesa de trabajo y utilizan un lápiz electrónico o estilete que al colocarlo sobre ellas permite trazar y dibujar pudiendo visualizar el trabajo directamente en la pantalla del ordenador. Al tocar sobre la superficie de la tableta con el estilete se interpretan los pequeños toques como el *clickeo* del ratón, además la mayoría también dispone de botones que cumplen la misma función.

La utilidad que le puede dar cada usuario puede ser muy diferente, en ocasiones se trabaja con ellas como herramienta artística para dibujar con programas de edición de imágenes como *Adobe Photoshop* donde los pinceles y lápices son las opciones más habituales, y en otros casos, su uso se centra más en la creación de formas de curvas vectoriales. Además facilitan el trabajo si se usan con la finalidad de vectorizar. Muchas disponen de una lámina transparente bajo la cual se pueden colocar los dibujos, permitiendo crear el contorno directamente con el lápiz electrónico indicando los puntos que determinan las formas. Los modelos más avanzados suelen tener además sensibilidad de presión del estilete y sensibilidad de inclinación para conseguir trazos de diferentes grosores que dan un estilo más libre a los dibujos, y algunos modelos disponen de entrada táctil, permitiendo controlar el ordenador al colocar la punta de los dedos sobre la superficie de la tableta.

En la imagen se puede ver como se pasa la imagen de la tableta gráfica al ordenador, para complementar su edición. (© Fotografía: MarbellaStudio / Shutterstock.com)

8.1. Tipos, ventajas e inconvenientes

Se pueden destacar dos **tipos** de tabletas digitalizadoras:

- **Las tabletas activas:** suelen ser más grandes y pesadas que las pasivas porque utilizan un lápiz electrónico que lleva integrada una batería o pila y es el propio estilete el que genera y transmite la señal. La tableta la recibe sin tener que alternar el modo de recepción y transmisión constantemente.
- **Las tabletas pasivas:** funcionan mediante inducción electromagnética, transmiten y reciben señales mediante una malla metálica horizontal y vertical. El lápiz electrónico a su vez dispone de un circuito de resonancia que al acoplarse a la tableta le suministra la energía sin necesidad de pilas.

Modelos de tableta pasiva (a la izquierda) y tableta activa (a la derecha)

Una de las grandes **ventajas** de las tabletas actuales son los accesorios de los que disponen algunos modelos como el **aerógrafo,** que simula el efecto de pulverizado o espray, pudiendo controlar mediante una pequeña rueda insertada en el estilete el flujo de pintura y pulverizado, dando resultados muy parecidos a esta técnica pictórica. Los estiletes llevan incorporados unos sensores en la parte superior que hacen la función de borrado como si de una goma se tratase.

En todo caso las tabletas digitalizadoras también pueden tener algún **inconveniente.** En primer lugar sus precios, que pueden llegar a elevarse bastante según el modelo y tamaño, y por otro lado el tiempo de adaptación a este soporte, ya que la mano tiene que acostumbrarse a trabajar con el nuevo estilete y al principio se tiende a mirar más a la mesa que a la pantalla con tal de no salir de los límites de su formato.

Actividades

20. Busque en internet videos tutoriales de cómo se utilizan las tabletas gráficas y saque conclusiones sobre su funcionamiento y las diversas aplicaciones que le dan los creativos.

En cuanto a los programas más adecuados para utilizar las tabletas digitalizadoras siempre serán los paquetes de diseño gráfico, diseño asistido y retoque fotográfico, ya que permiten más precisión para dibujar que la que ofrece el movimiento del ratón convencional. Las herramientas habituales de dibujo y pintura de estos programas incorporan parámetros configurables de presión e inclinación para las pinceladas y trazados vectoriales. *Adobe Photoshop* e *Illustrator* son los más frecuentes y los que más posibilidades de configuración disponen. También se usa *Corelpainter,* que imita pintura tradicional como óleo, acrílico o acuarela, y *Procreate,* que es la aplicación que se utiliza en los dispositivos iOS y que ofrece multitud de herramientas.

9. Formatos de salida

Las imágenes vectoriales y las imágenes compuestas a base de píxeles tienen unos formatos de archivo de salida muy conocidos en el mundo de las artes gráficas. Se suelen diferenciar principalmente por cómo gestionan el color o por sus características de compatibilidad vectorial y existe una gran diversidad, pero no todos se utilizan de una manera generalizada.

El formato **Photoshop PSD** (*Photoshop Document)* es el archivo propio de *Adobe Photoshop.* Permite editar la imagen y mantiene todas aplicaciones añadidas a la imagen que se trabaja: edición de capas, capas de ajustes, selecciones almacenadas, canales alfa, máscaras vectoriales, transparencias, etc. Es apropiado mientras se trabaja, por ejemplo, con un fotomontaje ya que se mantiene con las mismas características que se quedó en su último almacenamiento. Sin embargo, no es un formato apropiado para enviar a personas ajenas a la edición gráfica ya que no es editable nada más que con programas muy específicos, además de que llegan a tener un peso muy considerable que impide envíos con fluidez. Cuando se insertan en programas como *Adobe Indesign* o *Illustrator* se aconseja el acople de todas las capas ya que estos programas acceden a las imágenes mediante vínculos y la carga de grandes imágenes puede ralentizar el funcionamiento de estos.

El formato **TIFF** *(Tagged Image File Format)* es un formato para imágenes basadas en píxeles. Tiene la ventaja de soportar dibujo de líneas y distintos modos como el RGB, CMYK o la escala de grises. Además, al igual que el PSD permite almacenar las propiedades aplicadas con *Photoshop* como el almacenamiento de capas, máscaras, capas de ajuste, etc. y permite calidad de alta resolución sin compresión.

El formato **EPS** *(Encapsulated Postcript)* permite editar tanto trazados vectoriales como imágenes en mapa de bits. Tiene la ventaja de que al abrirlo, por ejemplo en *Adobe Photoshop*, permite insertar sus dimensiones y resolución para poder trabajar con un documento de buena calidad. Si se trabaja un documento EPS de gráficos en un programa vectorial se podrán editar las curvas o trazados y modificar sus objetos sin pérdida de resolución.

El formato **PDF** *(Portable Document Format)* es similar al EPS, pero tiene muchas más ventajas. Permite su edición si contiene objetos gráficos vectoriales y también ofrece las ventajas del PSD de edición de imágenes, que almacena las aplicaciones de capas, máscaras, canales alfa, etc. La información de las imágenes de píxeles puede comprimirse en formato JPG con pérdidas o TIFF (que no supone pérdidas de calidad). Es compatible en cualquier sistema operativo mediante *Acrobat Reader* y puede gestionar casi todos los modos de imagen RGB, CMYK, escala de grises, etc.

El formato **JPG** *(Joint Photographic Experts Group)* utiliza la compresión de imágenes y es compatible con todos los sistemas operativos. Al permitir una gran compresión su peso se reduce notablemente y es muy recomendado para usar en diseño web. Admite los modos de color RGB, CMYK y escala de grises pero no admite transparencias.

El formato **GIF** *(Graphic Interface Format)* está dirigido principalmente para aplicaciones web, trabaja a un máximo de 256 colores mediante el modo indexado, respeta transparencias y admite un proceso de apilamiento de imágenes que funcionan como fotogramas para conseguir un resultado de animación cíclica muy utilizada en internet.

 Aplicación práctica

Si necesita usar una fotografía de alta resolución para insertarla en un cartel, ¿cuál sería el formato adecuado?

Si se hace una pequeña animación en *Photoshop* para insertar en una web, ¿cuál sería su formato de almacenamiento?

Si está realizando un fotomontaje con numerosas capas y lo quiere guardar para seguir otro día con este trabajo y no quiere perder las características propias de ese archivo, es decir capas, trazados, máscaras, etc., ¿con qué formato lo guardaría?

SOLUCIÓN

La fotografía original debería ser TIFF, ya que permite un guardado sin compresión alguna y no perdería calidad.

Las animaciones se guardan en formato GIF, ya que permiten almacenar imágenes en movimiento y es compatible para insertar en una web.

El fotomontaje se podrá almacenar tanto en formato PSD extensión propia de *Photoshop* o formato TIFF. Ambos tipos de archivos permiten almacenar las propiedades capas, trazados, máscaras, etc. aplicadas al documento.

10. Resumen

La creación de elementos gráficos, el manejo de sus herramientas y saber cuál utilizar en cada momento, así como los aspectos técnicos de impresión, las propiedades de las imágenes, los medios de captura digital, etc. son parte imprescindible para iniciarse en el atractivo mundo de las artes gráficas digitales. Este capítulo trata de familiarizar al alumno en estos aspectos, pero la constancia en el aprendizaje, la práctica continua y la planificación de proyectos como retos personales son los elementos que diferenciarán a un diseñador creativo de una persona meramente usuaria de programas gráficos. El *software* gráfico es la herramienta y aunque en ocasiones parezca imposible conocer todos sus componentes se debe seguir investigando y encontrando soluciones para llegar a realizar todo lo que se visualice en la mente. En cuanto a la parte técnica hay que saber desde un principio cuáles son los requisitos del trabajo, cómo deben ser las imágenes que se van a utilizar, tener precaución con los formatos, la composición y el almacenamiento de salida ya que evitará tener que repetir tareas si no se han proyectado bien desde el principio.

Ejercicios de repaso y autoevaluación

1. Relacione los siguientes programas gráficos con el uso profesional que se le asigna distinguiendo entre los de uso libre y de uso comercial con licencia.

   1. Adobe Photoshop
   2. Inkscape
   3. Adobe Indesign
   4. Gimp
   5. Adobe Illustrator

   __ Retoque fotográfico uso libre.
   __ Diseño vectorial uso comercial.
   __ Maquetación uso comercial.
   __ Retoque fotográfico uso comercial.
   __ Diseño vectorial uso libre.

2. Señale cuatro herramientas de formas básicas comúnmente localizadas entre los programas de diseño vectorial.

   _____

   _____

3. Si se quiere construir un cuadrado equilátero se debe...

   a. ... insertar la imagen de un cuadrado y guiarse por sus dimensiones.
   b. ... pulsar una tecla específica mientras se dibujan, habitualmente shift o control.
   c. ... tener buen pulso para que salgan perfectos sus cuatro lados.

4. Indique si las siguientes frases son verdaderas o falsas.

   a. A medida que se dibujan objetos en un programa gráfico vectorial se van colocando en el orden de creación y ya no se podrá cambiar ese orden.

      ☐ Verdadero
      ☐ Falso

b. Si se quiere repartir y colocar equilibradamente varios elementos se deben activar las opciones de alinear/distribuir.

☐ Verdadero
☐ Falso

c. Cuando se agrupan diferentes elementos gráficos adquieren las características propias del primer objeto seleccionado y ya no se podrán desagrupar.

☐ Verdadero
☐ Falso

d. Las herramientas de mano alzada son las que se utilizan libremente dejando el botón principal del ratón pulsado.

☐ Verdadero
☐ Falso

e. Los puntos de curva o nodos son los que dan forma a un trazado y se pueden editar, añadir, eliminar, curvar, etc. y los manejadores permiten controlar las curvas contiguas a estos puntos.

☐ Verdadero
☐ Falso

f. Las imágenes insertadas en los catálogos deben organizarse ordenadamente en directorios o carpetas comunes ya que mantienen un vínculo de enlace con el documento de la imagen.

☐ Verdadero
☐ Falso

5. **Sopa de letras.** Busque cuatro operaciones habituales que se utilizan cuando se combinan elementos gráficos y describa su función.

R	B	O	U	H	V	I	J	R	M	G	L	J
E	D	X	N	Y	E	A	T	S	R	E	O	O
I	A	F	I	U	S	R	P	O	U	X	J	M
R	E	C	O	R	T	A	R	L	A	C	P	B
Ñ	L	B	N	R	A	S	D	F	O	L	I	V
Z	Y	Q	U	I	T	Z	A	R	A	U	Z	N
H	I	N	T	E	R	S	E	C	C	I	O	N
J	D	E	J	R	S	A	E	V	U	R	B	M
M	Y	O	B	P	D	W	Z	A	O	G	S	P

_____
_____
_____
_____
_____
_____
_____
_____

6. **Complete los espacios libres de la siguiente frase:**

Cuando se trabaja con elementos gráficos dirigidos a internet, telefonía móvil, vídeo, etc. se utiliza la paleta de colores _____ que está dividida en tres colores: _____ _____, _____ y _____. Cada color puede tomar un valor entre _____ y _____, por lo que al combinarlos se puede disponer de un resultado de _____ _____ millones de colores.

7. Nombre cuatro tipos de degradados habituales que se pueden encontrar en los programas de diseño.

_____

_____

8. Los degradados más elaborados que se basan en la aplicación de puntos de color en la unión de dos líneas perpendiculares se llaman...

    a. ... relleno de malla.
    b. ... relleno degradado radial.
    c. ... relleno localizado por color.

9. Cuando se necesita que un color se imprima en su correcta tonalidad mediante su propia plancha se suele utilizar la...

    a. ... paleta RGB.
    b. ... paleta HKS.
    c. ... paleta duotono.

10. ¿Cuál es el color dominante de la combinación numérica 0, 100, 10, 20 en la paleta de color CMYK?

    a. Cian
    b. Magenta
    c. Amarillo
    d. Negro

11. El tipo de impresión más adecuado para tiradas largas de prensa y revistas se llama...

    a. ... impresión serigráfica.
    b. ... impresión flexográfica.
    c. ... impresión *offset*.

12. El tipo de impresión más adecuado para la impresión de camisetas se llama...

    a. ... impresión serigráfica.
    b. ... impresión hexacromía.
    c. ... impresión RGB.

13. Complete los espacios libres de la siguiente frase:

Las imágenes de formato GIF usan el modo de color _____ y contienen un máximo de _____ colores.

14. Crucigrama.

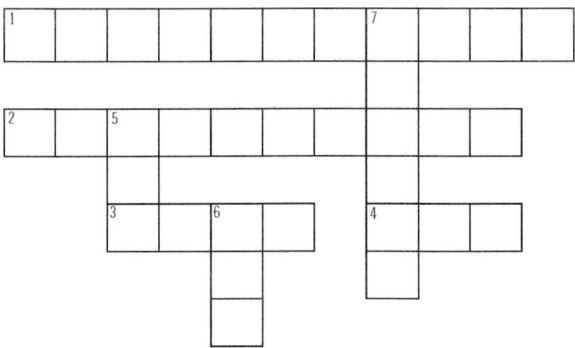

HORIZONTALES:

    1. Impresión que combina las cuatro tintas básicas CMYK.
    2. Sistema de impresión compuesto de una tela sobre un bastidor.
    3. Unidades numéricas en las que se miden los mapas de las imágenes digitalizadas.
    4. Formato de archivo que permite editarse tanto en vectores como en mapa de bits.

VERTICALES:

5. Modo de color que combina los tres colores luz: rojo, verde y azul.
6. Formato para imágenes basadas en píxeles que permite alta calidad de resolución sin compresión.
7. Sistema de impresión más común para trabajos de larga tirada.

15. Una imagen que tiene una resolución de 100 px/cm y unas dimensiones de 1000 x 1000 px, ¿qué tamaño de impresión tendrá en centímetros?

a. 20 x 20 cm.
b. 1000 x 1000 cm.
c. 10 x 10 cm.

Capítulo 2
Realización de elementos gráficos utilizando programas de dibujo vectorial

Contenido

1. Introducción

El dibujo y la ilustración gráfica tienen un camino recorrido muy largo en la historia y constituyen una parte reconocida de la experiencia cultural y social. El avance de las tecnologías digitales ha facilitado el acercamiento de estas herramientas a todos los usuarios tanto profesionales como amateurs. El diseño está vivo y se comunica con el ser humano cada día por una infinidad de medios físicos: carteles, señales, vallas publicitarias, locales comerciales, productos de consumo, etc. y qué decir del medio digital, internet, televisión, telefonía móvil, etc. Es un bombardeo constante de composiciones de textos y gráficos realizados por personas que quieren captar la atención y dejar su mensaje en la memoria. La creatividad y los medios de salida son enormes y si se quiere ser parte de ese mundo de creativos digitales hay que adentrarse en el aprendizaje, la constancia y el buen hacer de las técnicas y conocimientos de composición gráfica más esenciales.

Este capítulo se centrará más en el campo de la ilustración y de las técnicas de composición de imágenes y textos para solventar posibles situaciones de propuestas de proyectos de diseños que se encuentran habitualmente en el campo de las artes gráficas.

2. Tipos o clasificación

Los elementos gráficos son todas aquellas formas sencillas, complejas, imágenes fotográficas, ilustraciones figurativas o abstractas que se pueden encontrar en un diseño gráfico y se clasifican en varios tipos dependiendo de sus formas o de la aplicación que se le vaya a asignar.

2.1. Símbolos

Cuando se habla de símbolos en diseño gráfico, normalmente se relacionan con marcas comerciales. Toda marca tiene una imagen o símbolo que la identifica, la asocia y la distingue de cualquier otra. Sin embargo, en los programas de diseño si se habla de símbolos estos hacen referencia a todas aquellas imágenes o pequeñas ilustraciones vectoriales que están almacenadas en librerías o bibliotecas dentro de un programa y que se podrían utilizar como complemento en los diseños.

Las librerías o bibliotecas de símbolos disponen de elementos gráficos ya predefinidos y además permiten almacenar creaciones propias y facilitan el trabajo ahorrando mucho tiempo si se necesita insertar las mismas imágenes con cierta frecuencia.

Una de las grandes ventajas que ofrecen los símbolos es que si se repiten indefinidamente a lo largo del proyecto se puede hacer cualquier modificación sobre el símbolo original y automáticamente todos los símbolos iguales adquirirán ese cambio.

 Consejo

No es agradable encontrarse con otros diseños donde se han utilizado ilustraciones o imágenes similares a las empleadas en el diseño propio, por tanto, se aconseja no abusar demasiado del uso de símbolos predefinidos ya que el trabajo perdería carácter y originalidad.

Para acceder a la biblioteca de símbolos de *Adobe Illustrator* se debe activar el menú **Ventana/Símbolos** donde aparecerán unos pequeños iconos con la imagen de los dibujos que se pueden utilizar. A parte de estos existen otras ventanas (menú de bibliotecas de símbolos) que separan los símbolos por categorías y donde se puede encontrar una amplia variedad de flores, flechas, elementos de logotipo, mapas, motivos de moda, etc. Para insertarlos en un proyecto solo hay que desplazarlos al documento y se podrá editar libremente.

Ventana de símbolos en *Adobe Illustrator* y acceso al menú de su biblioteca por categorías

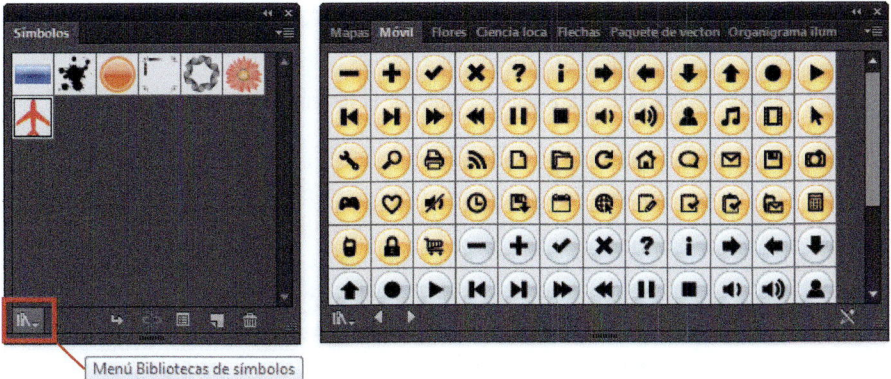

Para almacenar símbolos propios hay que realizar un dibujo con las herramientas gráficas habituales, aplicarle color y desplazar el conjunto de formas dentro de la ventana de símbolos.

Para almacenar un dibujo como símbolo en *Adobe Illustrator* hay
que desplazar el conjunto de formas a la ventana de símbolos

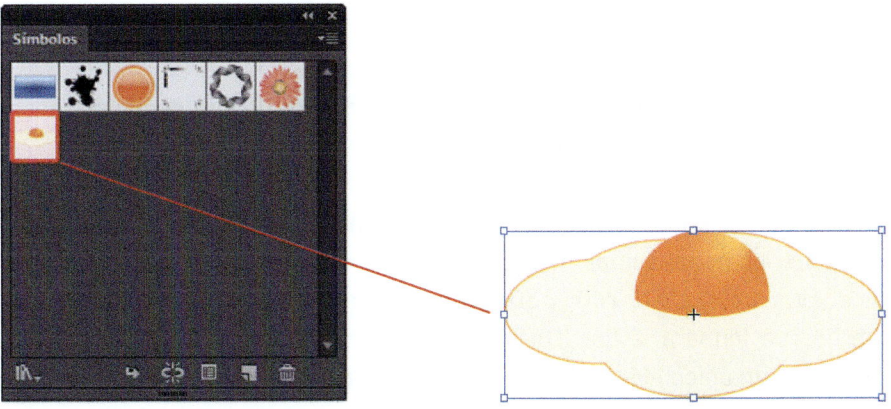

Se puede hacer uso de esa imagen tantas veces interese y si se hace algún cambio sobre el símbolo afectará a todas sus copias insertadas.

Coreldraw también dispone de una ventana de símbolos que se activa desde el menú **Ventana/Ventanas acoplables/Administrador de símbolos.** Los dibujos se pueden almacenar de una manera similar, simplemente desplazándolos dentro de la ventana del administrador de símbolos.

En *CorelDraw* también se desplaza el dibujo dentro de la ventana para almacenar el símbolo

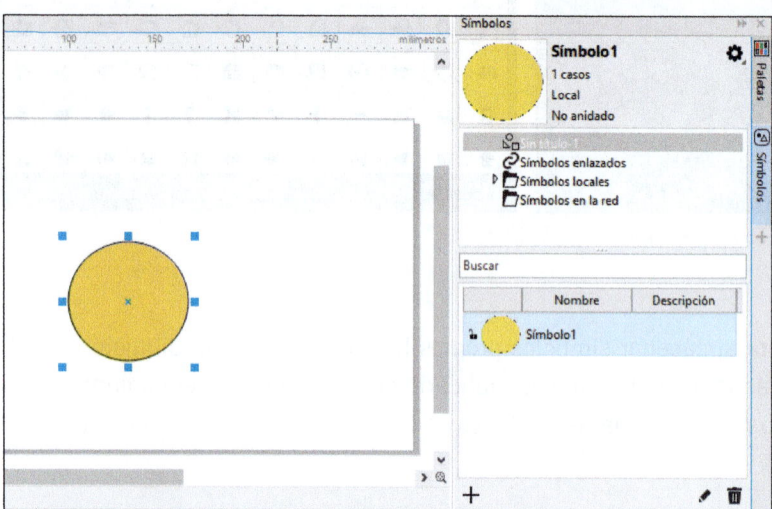

Ejemplo

Se va a realizar una pequeña ilustración de motivos florales para almacenarla como símbolo en un programa.

Se dibuja el pétalo de una flor a partir de una elipse modificándolo a gusto mediante las herramientas de edición de nodos y se duplica cinco veces girando 60°, 120°, 180°, 240° y 300° consecutivamente cada una de las formas hasta darle forma a la flor. Una vez alineados todos los pétalos se soldarán para crear un único elemento y se le da color tanto al relleno como al contorno al que también se le puede dar un grosor considerable para hacerlo destacar.

Proceso de creación de un motivo floral

El elemento resultante se puede volver a duplicar, reducir y girar cambiando sus tonalidades añadiéndole elementos decorativos con formas circulares para el centro de la flor. Si se agrupa el conjunto y se vuelve a duplicar varias veces haciendo cambios de color se conseguirá una composición floral interesante.

Motivos florales agrupados

Una vez realizada la ilustración se puede almacenar como nuevo símbolo desplazando el conjunto de elementos a la ventana de símbolos del programa. A partir de ese momento se tiene la posibilidad de insertarlo tantas veces interese y se podrá cambiar su escala, rotación o simetría.

Los símbolos almacenados se pueden insertar y manipular libremente

La gran ventaja es la facilidad del cambio cromático cuando se modifica un símbolo, ya que todos los símbolos similares insertados adquieren las mismas propiedades de color.

Cuando se modifica un símbolo todas las copias insertadas adquieren los mismos cambios

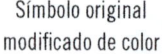

Símbolo original
modificado de color

2.2. Pictogramas

Los pictogramas son iconos diseñados específicamente para cumplir la función de informar y orientar a cualquier persona que los necesite.

Pasan desapercibidos en el entorno y uno solo se percata de ellos cuando necesita sentirse orientado en la búsqueda de una salida, un baño, un ascensor, un acceso para minusválidos, una cafetería, un parking, etc. Son tan básicos y sencillos que no necesitan expresarse en ningún idioma ni tampoco destacan por sus detalles artísticos, solo tienen la misión de informar con su simplicidad de imagen para que cualquier persona interprete correctamente e instantáneamente su indicación.

 Actividades

1. Realice una búsqueda en internet de algunas categorías de pictogramas que utilizan las empresas de transporte, centros de salud, comercios, etc. Analice y compare la claridad y sencillez de las formas que los componen.

Los pictogramas deben mantener principalmente una coherencia visual, es decir, deben estar perfectamente diseñados atendiendo a los tamaños, grosores, formas, espacios, colores, contrastes, etc. para que se puedan visualizar en cualquier condición.

El Instituto Americano de Artes Gráficas (AIGA) recibió en 1976 un encargo del departamento de transporte estadounidense para desarrollar un sistema de pictogramas a partir de señales ya existentes. Diseñaron y redibujaron los signos de la manera más adecuada por encima de las cuestiones estéticas, lo importante era resolver los problemas de orientación y localización relacionados con el transporte. Actualmente todos los aeropuertos, estaciones o puertos utilizan un sistema de pictogramas basados en el diseño de AIGA.

Algunos pictogramas del sistema AIGA

? **Sabía que...**

El alfabeto tiene origen pictográfico. Antes de la escritura se transmitía la información mediante dibujos que representaban elementos del entorno y a base de repetir las mismas formas se empieza a crear un sistema convencional de dibujos que dan significado a las cosas.

Los programas de diseño gráfico vectorial son los adecuados para realizar pictogramas, ya que permiten una salida de archivo escalable a cualquier tamaño. Para crear un pictograma hay que documentarse perfectamente de lo que se quiere representar, de los objetos, los lugares donde irán ubicados y del servicio de información que se va a prestar y para ello se necesita representar de forma clara y sencilla para facilitar la orientación en el entorno.

Actividades

2. Cuando salga a la calle o entre en un edificio público observe, apunte y justifique todos los pictogramas con los que se cruce. Reflexione si es adecuada su ubicación y si su mensaje gráfico es evidente.

Los propios diseños de pictogramas también se pueden almacenar como símbolos, incluso se puede crear una galería propia temática para disponer de ellos en el momento que se necesiten.

Aplicación práctica

La apertura inmediata de una granja escuela supone la necesidad de la elaboración de un sistema de pictogramas para orientarse en el recinto y poder dirigir correctamente a los visitantes hacia las zonas donde están los caballos, las vacas y los cerdos. Encargan el diseño de estos tres pictogramas a un solo color para combinarlo con el blanco de fondo, todos deben estar integrados en una forma circular y deben representar la cabeza de cada animal vista de perfil. Diseñe y explique el proceso de creación de estos pictogramas.

Solución

El diseño de un pictograma debe ser sencillo y práctico para que se reconozcan con rapidez los elementos que lo forman. Para realizar el dibujo de las cabezas de los tres animales que se ha pedido en este trabajo hay que documentarse de cómo es la silueta de cada uno de ellos y para eso es posible ayudarse de fotografías originales si no se tiene muy claro las proporciones y curvas físicas de cada uno de los animales.

Se inserta la imagen de la cabeza de uno de los personajes y se traza el perfil general de su cráneo y cuello. Se observan los elementos más significativos que los identifican: el hocico, los ojos o las orejas y se crean esos objetos como formas complementarias. Para distinguir esas formas se puede aplicar un perfilado o contorno lo suficientemente ancho para que se aprecie la silueta desde la distancia.

Se utilizarán las operaciones de soldar, restar o intersecar para dar las formas resultantes.

Se aconseja mantener la misma estructura para todos los pictogramas, el mismo diámetro para el círculo, el mismo grosor de perfilado, el mismo tamaño para los ojos, etc. Así se mantendrá un estilo común entre todos ellos.

Proceso de creación de los pictogramas

Solo se puede utilizar un color a parte del blanco de fondo, así que una de las posibilidades es dar al círculo que lo envuelve el color y que el resto de formas queden blancas con el contorno del mismo color que el círculo.

Resultado final para la propuesta del diseño de los tres pictogramas para una granja escuela

2.3. Elementos figurativos

Los elementos figurativos son aquellos cuyas formas son reconocibles y se pueden identificar con la realidad. Existen unos grados de semejanza de estas formas que se conocen como iconicidad y según el realismo que transmite se puede clasificar principalmente entre:

- **Realistas:** cuando la representación se realiza con total perfección. Se pueden incluir como elementos del realismo a la fotografía o las pinturas hiperrealistas.
- **Figurativos:** cuando la representación interpreta a la realidad de una manera simplificada, como por ejemplo las ilustraciones, o esquematizadas, como los pictogramas.
- **Abstractos:** cuando la representación no guarda ninguna relación con la realidad. Son formas y colores que se interpretan con diferentes significados pero no son comparables con formas conocidas.

Ejemplos de grados de iconicidad. A la izquierda imagen fotográfica realista, en el centro ilustración figurativa y a la derecha imagen abstracta

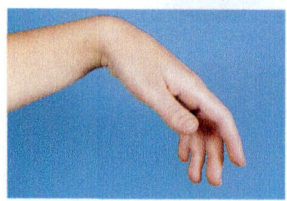 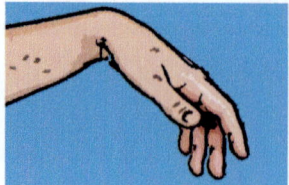 

Los elementos realistas, figurativos o abstractos son prácticamente indispensables en un trabajo de diseño gráfico ya que son los que protagonizan y permiten equilibrar una composición gráfica mediante fotografías, ilustraciones o formas esquematizadas junto a la información textual.

Ejemplo de cómo se interpreta el grado de iconicidad de un objeto

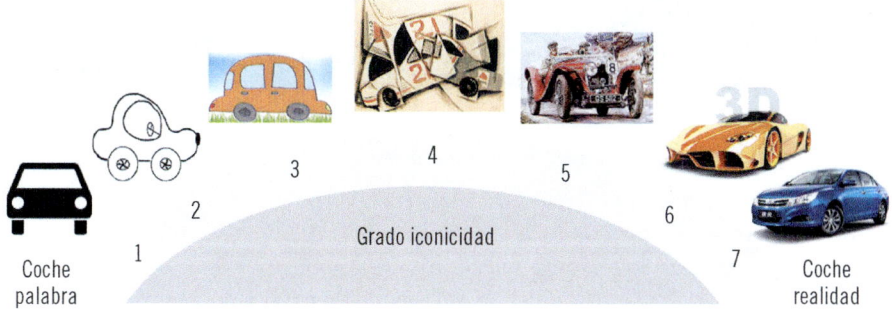

 **Actividades**

3. Busque en internet distintas interpretaciones que se hayan realizado de fotografías famosas, como por ejemplo las de Marylin Monroe, o interpretaciones de pinturas realistas clásicas como las del cuadro de "Las Meninas" de Velázquez. Indique el grado de iconicidad de cada una de las versiones que se encuentre.

2.4. Elementos abstractos

Los elementos abstractos no tienen semejanza con la realidad. Se pueden interpretar sus formas y colores o pueden sugerir emociones, pero no tienen unas formas comparables a nada de lo que se conoce. Se utilizan a menudo en el diseño gráfico para equilibrar mediante puntos, líneas, manchas o colores una composición gráfica. Pueden provocar sensaciones de tensión, agresividad, calma, dinamismo, desorden, armonía, etc.

Las formas regulares transmiten más estabilidad y reposo. A medida que se hacen más irregulares, transmiten más desorden, agitación o tensión.

Ejemplos de ilustraciones con motivos abstractos

 Actividades

4. Se pueden encontrar en la red una infinidad de diseños de fondos de pantalla y en muchos de ellos suelen representarse motivos abstractos realizados mediante infografías. Descargue tres diseños e interprete por sus formas y colores las emociones que transmiten.

Se pueden crear ilustraciones o motivos abstractos con los programas de diseño, principalmente los especializados en tratamiento de imágenes como *Adobe Photoshop* o *Gimp* que disponen de una amplia gama de filtros para aplicar a las imágenes y que combinados entre ellos ofrecerán resultados de lo más sugerentes.

Una sencilla imagen compuesta por círculos puede convertirse en un fondo abstracto combinando diferentes filtros en un programa de tratamiento de imágenes

Aplicación práctica

Ordene las siguientes imágenes de menor a mayor grado de iconicidad y explique el porqué de ese orden.

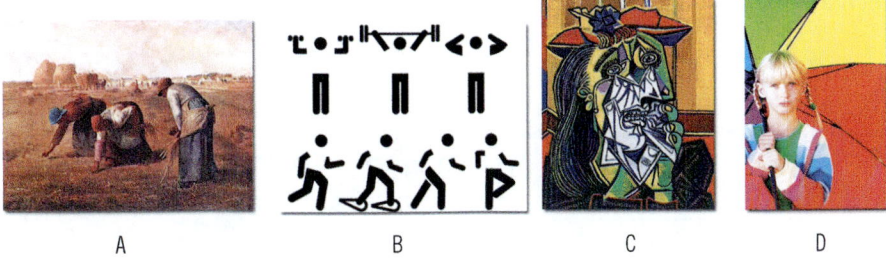

A   B   C   D

SOLUCIÓN

De menor a mayor grado de iconicidad, las imágenes se ordenarían así: B, C, A y D.

- B: los pictogramas son las formas más esquematizadas, no tienen ningún parecido con la realidad, simplemente se interpretan los círculos como cabezas y los rectángulos como piernas y brazos pero en ningún caso son similares a la realidad.
- C: el retrato de "Dora Maar" pintado por Pablo Picasso en 1937 no tiene parecido con la realidad, pero sus elementos tienen más detalles y se puede reconocer la forma de los ojos, la nariz o las manos.
- A: el cuadro de "Las espigadoras" de Jean Francois Millet de 1857 es una pintura figurativa que muestra una escena realista interpretada por el pintor.
- D: la fotografía de la niña con la sombrilla es la imagen que tiene mayor grado de iconicidad, ya que es una captura directa de la imagen original.

3. Historia y tendencias de la ilustración

La ilustración es algo más que elementos decorativos dentro de un libro. Desde sus orígenes ha funcionado siempre como una aplicación gráfica para ayudar a evidenciar y complementar los escritos o textos. Hoy en día la ilustración es parte indispensable del diseño, la publicidad y un medio de expresión artística.

Se puede remontar hasta la época del Antiguo Egipto (1550 a.C.) y sus conocidos "Libros de los Muertos", donde su propia escritura se podía reconocer como un tipo de ilustración. Usaban ilustraciones formando un friso en la parte superior de los papiros para contar gráficamente sus historias e incluso se podría decir que fueron los primeros en crear las viñetas para separar las ilustraciones de los escritos, ya que en ocasiones delimitaban estas imágenes mediante un recuadro o con cambios de color de los fondos.

Papiro del "Libro de los Muertos" de Hunefer (1300 a.C.)

La aparición del pergamino alrededor del siglo III a.C. favoreció enormemente a la ilustración y fue principalmente en la época bizantina cuando se pasó del rollo de papiro al códice de papel vitela donde se podía escribir e ilustrar por las dos caras.

Sin embargo, si se dejan atrás los ejemplares manuscritos y las ilustraciones más clásicas, se podría decir que el origen de la ilustración comienza con el invento de la imprenta, el método mecánico que permitió la reproducción en tirada de textos e imágenes impregnando tinta mediante la presión de unas piezas metálicas o tipos sobre papel u otros materiales.

Actividades

5. ¿Sabe cuál fue el primer libro impreso por Gutenberg y cuyas ilustraciones se añadieron después a mano?

Se mantuvo durante mucho tiempo un estilo de tradición realista, incluso con las tiras humorísticas o las ilustraciones decorativas, origen de la época victoriana, donde lo importante era mantener el buen dibujo académico.

A partir de finales del siglo XIX es cuando empezaron a plantearse nuevos lenguajes visuales y se buscaron otras líneas de expresión, rompiendo el estilo convencional ofreciendo una estética gráfica diferente, esquemática, estilizada y más atractiva.

"Cuatro Estaciones" (1896). Alphonse Mucha

En las décadas de los años 50 y 60, en plena expansión de posguerra, se siguieron rompiendo y desafiando las tradiciones viendo la posibilidad de expresar, comunicar e incluso criticar los tiempos de consumo y comunicación en masa que se vivían.

"The problem we all live with" (1960). Norman Rockwell

Otras tendencias de estos años fueron el arte pop, el movimiento cubista, el surrealismo, el montaje de collage o la ilustración popular del cómic que podrían considerarse como parte de la influencia de la ilustración actual gracias a la variedad de los lenguajes visuales que sugirieron en busca de estilos cada vez más personales. Actualmente todos estos estilos ilustrativos han sido y siguen siendo parte de la inspiración contemporánea.

Ilustraciones de Siyu Chen (2010) inspiradas en el estilo Pop Art de los 60

El cómic también fue y sigue siendo una tendencia contemporánea en la ilustración actual. Las innumerables tiras gráficas existentes a lo largo del tiempo han provocado que el estilo ilustrativo del artista gráfico contemporáneo sea una influencia de técnica y estilo inevitable, los trazos, las viñetas, el color o los motivos que han marcado e inspirado durante años tienden a dar una salida expresiva que pueden definir el estilo del joven ilustrador.

 **Actividades**

6. Busque información en internet sobre las ilustraciones publicitarias de algunas marcas comerciales de los años 50 o 60 y compárelas con las publicidades actuales de productos similares. Haga lo mismo buscando algunas viñetas de cómics de esos años para sacar diferencias con las viñetas actuales del cómic contemporáneo.

4. Técnicas de ilustración

Las técnicas de ilustración pueden ser muy variadas y no tienen por qué realizarse exclusivamente con medios informáticos. Antiguamente los medios de reproducción podían limitar las técnicas de los ilustradores, pero hoy en día se puede reproducir cualquier tipo de ilustración, aunque sigue siendo un proceso bastante costoso dependiendo del medio que se utilice.

Se pueden dividir las técnicas en dos categorías principales: las realizadas mediante medios plásticos y las ilustraciones realizadas mediante procesos informáticos. En este apartado se hará un resumen de los principales medios que utilizan los ilustradores contemporáneos.

4.1. Los medios plásticos

Los medios plásticos se pueden dividir en técnicas secas y húmedas dependiendo de los materiales que se utilicen. En la siguiente tabla se muestran algunas de las herramientas más habituales utilizadas en la ilustración.

Técnicas secas	Técnicas húmedas
Lápiz de grafito	Tintas
Carboncillo	Gouache
Pasteles y tizas	Óleos
Lápices de colores	Acuarela
Carbón comprimido	Pintura acrílica
Crayón	Aerógrafo

Ejemplos de ilustraciones realizadas con medios plásticos

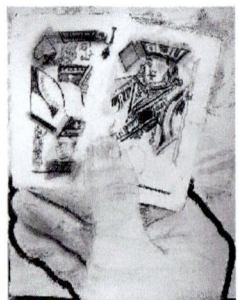

Larry Rivers. Black Jack 1989. Lápiz de color, grafito y óleo sobre tela

D. J. Hall. Piece of cake 1987. Lápices de colores sobre papel

Rosario Elizalde. La viudita del Conde Laurel 2010. Pastel sobre papel.

Marion Arbona. La craie rose 2010. Gouache y tinta

Stece Beshwaty. Floup el le bonhomme de neige 2010. Acrílico

Sabía que...

Las técnicas plásticas tienen además la ventaja de poder combinarse y experimentar con ellas ofreciendo unos resultados creativos de gran originalidad. En ocasiones se puede encontrar ilustradores que mezclan técnicas a base de acuarelas, con rellenos de lápices de color, perfilados de tintas, grafitos, carboncillo, etc. e incluso incorporan recortes de papel mediante la técnica del collage.

Actividades

7. Las técnicas plásticas tradicionales de ilustración siguen estando activas, aunque los medios digitales sean actualmente los más utilizados. Investigue y busque ilustradores/as que se mantengan fieles a sus medios y sigan trabajando con su estilo y técnica tradicional como medio de expresión. ¿Por qué cree que siguen manteniendo esa integridad?

4.2. Los medios digitales

Las tecnologías digitales ofrecen al ilustrador contemporáneo nuevas posibilidades para crear imágenes complejas y que en algunos casos serían de una enorme laboriosidad si se intentaran hacer con las tradicionales técnicas plásticas. Los programas informáticos abren un campo de creatividad inmenso pero sería un error pensar que al trabajar con ellos será todo mucho más fácil y rápido, se debe tener en cuenta que el manejo de las herramientas informáticas también tiene su proceso de aprendizaje. Llegar a controlar y dominar todas sus posibilidades supone mucha investigación y sobre todo mucha práctica con estos medios hasta saber en qué momento u otro utilizar unas u otras herramientas.

Ejemplos de ilustraciones realizadas con medios digitales

Ricardo Salamanca. Fotomontaje fotográfico e ilustración 3D

Michael Kutsche . Alice in wonderland 2010.
Ilustración 3D

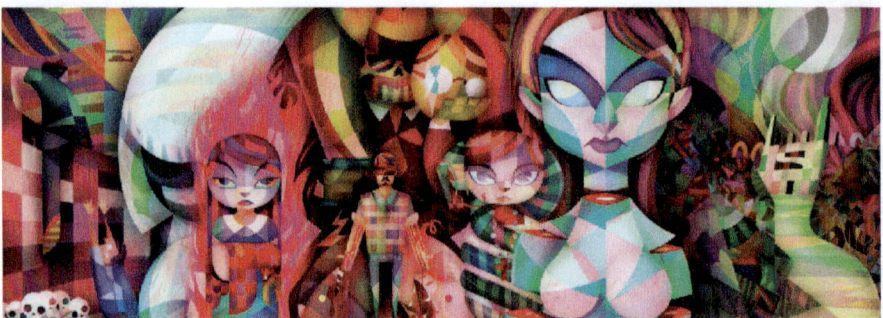

Carlos Lerma. Los olvidados 2010. Personal work digital

Conseguir el resultado que uno se proponga obligará a estudiar concienzudamente cada caso. La misión del ilustrador debe estar claramente planificada, saber en todo momento las posibilidades que se disponen para que cuando se ponga manos a la obra con el trabajo no se paralice el proceso por falta de conocimientos técnicos. La ilustración por ordenador será todo lo buena que ofrezca la imaginación y habilidad del artista creativo.

Hoy en día, la ilustración está sufriendo grandes cambios por la convergencia con la inteligencia artificial (IA), que está siendo utilizada para mejorar y agilizar el proceso creativo en la ilustración gracias a técnicas como el aprendizaje automático y el procesamiento de imágenes. Es sin duda una sinergia en constante evolución que también tiene sus riesgos de aplicación y sobre el que actualmente, se está asistiendo a un gran debate, sin dejar de lado sus grandes ventajas.

? Sabía que...

Los tipos de programas utilizados y las herramientas que se pueden utilizar para la ilustración digital son muy variados y perfectamente combinables: infografías en 3D, fotomontajes de imágenes reales, ilustraciones mediante formas vectoriales, herramientas de dibujo o pintura en mapa de bits, etc.

Una de las grandes ventajas de trabajar con medios digitales es que en todo momento se pueden hacer variaciones, combinar, manipular imágenes, cambiar colores, tamaños, etc. Se pueden ver textos e imágenes juntos desde el principio y así se puede visualizar esas imágenes dentro de su contexto.

5. Selección del tipo de ilustración adecuado a cada caso

Dentro de la ilustración se diferencian varios tipos, y dependiendo del mensaje o estilo gráfico que se pretenda se utilizarán unos medios u otros para su realización. Actualmente parecen dominar las técnicas digitales sobre las plásticas, aunque no es obligatorio tener que elegir entre ellas cada vez que se oferte un trabajo de ilustración. Muchos ilustradores también combinan ambas técnicas para conseguir su finalidad, aunque cuando se habla de trabajo por encargo suele ser el propio cliente el que exige unas pautas técnicas o de estilo ya que, si ha elegido a determinado profesional, es porque le interesa su virtuosidad técnica o su estilo personal y es eso lo que necesita para su proyecto. Se pueden clasificar los tipos de ilustración según la función que se le va dar.

5.1. Ilustración publicitaria

Especializada en comunicación impresa para revistas o prensa y también para el diseño de etiquetas o envases ofreciendo una información ilustrativa llamativa y práctica del producto. La mayoría de estos dibujos pueden ser ilustraciones vectoriales, aunque también se suelen incluir fotografías o dibujos realizados con técnicas plásticas impresas.

La ilustración vectorial se utiliza a menudo para el diseño de etiquetas y envases

 Sabía que...

La ilustración a principios del siglo XX jugaba un papel indispensable en la publicidad gráfica, aunque la fotografía la desmarcó de este campo dejando al dibujante creativo limitado a la ilustración principalmente narrativa. A mediados de este siglo las gráficas impresas se convierten en una nueva modalidad técnica para artistas, y con los sistemas digitales actuales, los medios de representación ya no suponen limitación alguna a la expresión gráfica artística contemporánea.

5.2. Ilustración narrativa

Sirve de apoyo puntual al texto en una narración. Las ilustraciones suelen estar integradas y a veces cubren una función indispensable donde el texto queda como elemento secundario. Los libros con ilustraciones hacen que las historias cobren vida y enriquezcan la narración. El éxito de este tipo de ilustración se consigue cuando el dibujante es fiel a la descripción literal y supone un gran esfuerzo de investigación cuando hay que reconstruir épocas pasadas o mundos de ficción. Suelen utilizarse técnicas variadas aunque las técnicas plásticas son las más habituales. El estilo del ilustrador y su imaginación creativa será lo que dé un significado visual tanto a narraciones como poemas, novelas, obras de teatro, cuentos, etc.

Ilustraciones de Mervyn Peake para "Alicia en el país de las maravillas" (1940)

  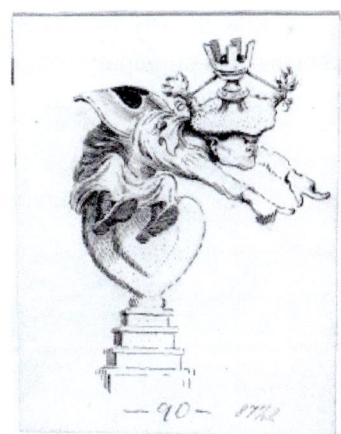

 Actividades

8. Busque ilustraciones de diferentes épocas realizadas para el libro "Don Quijote de la Mancha", desde versiones clásicas, infantiles, cómics e ilustraciones digitales. Comprobará que cada ilustrador mantiene un estilo muy personal. Clasifique, compare y defina cada una de las técnicas que reconozca.

5.3. Ilustración técnica

La ilustración técnica transmite una información funcional mediante dibujos dirigidos principalmente a un público profesional de una rama científica concreta para así conocer el funcionamiento del cuerpo humano, de máquinas, objetos industriales, arquitectura, etc. El ilustrador debe estar muy familiarizado con el tema que debe representar y debe conocer el funcionamiento, la tecnología y la utilidad de las cosas. No se atiende excesivamente al estilo creativo de la ilustración, sino a la función y claridad informativa que debe transmitir.

La ilustración técnica se remonta al siglo XV con Leonardo da Vinci y sus dibujos de aparatos mecánicos o estudios anatómicos. A finales del siglo XVIII se incrementó este tipo de ilustraciones como complemento de los textos especializados principalmente para la arquitectura o el diseño industrial, sin los cuales la información técnica habría sido muy difícil de entender.

Ejemplos de diferentes ilustraciones técnicas

Leonardo da Vinci. Códice de la Colección Windsor

Shin Saito. Ilustración técnica para automoción. Técnica: aerógrafo

Franz Alvarado: Ilustración digital. Técnica: modelado 3D

Hoy en día los sistemas digitales de representación tridimensional han facilitado enormemente esta función gracias a que, además de permitir la representación en todas sus dimensiones, también muchos programas permiten crear movimientos de cámara o de los propios objetos y se puede conocer y pasear dentro de ellos, por edificios, o dentro del propio cuerpo humano mediante infografías técnicas tratadas hasta el mínimo detalle que trasladan a increíbles mundos virtuales. Se pueden encontrar muchos programas profesionales de modelado de gráficos enfocados a estos proyectos como son: *3D Studio Max, AutoCAD, Lightwave 3D, Maya* o *Rhinoceros* y por supuesto los de *software* libre como *Blender, Pov-Ray* o *SketchUp*. Estos programas se modelan con formas vectoriales pero su representación final o *render* tiene un acabado de imagen en mapa de bits.

Cuando se realizan proyectos técnicos en 3D el ilustrador debe estar más que familiarizado con la máquina o cuerpos que debe construir y tener los estudios necesarios de ingeniería, arquitectura o medicina para que los elementos sean realistas y funcionales. Por ejemplo, para ilustrar un manual de instrucciones de un diseño industrial es conveniente tener a mano el objeto e incluso los planos de este producto y así conocer sus dimensiones reales, poder desguazarlo en todas las piezas que lo componen, tomar sus medidas y recrearlas. Al trabajar con programas de tres dimensiones, es decir, con medidas reales de ancho, alto y profundidad (X, Y y Z), los objetos se pueden visualizar desde cualquier punto de vista.

 Actividades

9. Compare los estudios anatómicos de Leonardo da Vinci con las representaciones anatómicas digitales. ¿Qué cree que pensaría Leonardo si pudiera ver el avance tecnológico actual?

5.4. Ilustración conceptual

La ilustración conceptual es la que nace de la imaginación del ilustrador sin tener que estar ligada a una narración. Tampoco tiene por qué buscar un argumento educativo o científico ni provocar la atención del espectador para vender un producto. Su principal objetivo es la representación visual de un concepto, de ideas generales y no de hechos en particular. Ofrecen un amplio margen de creatividad y de estilo personal al artista ilustrador.

Autores de la ilustración conceptual contemporánea

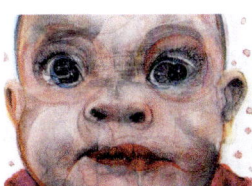

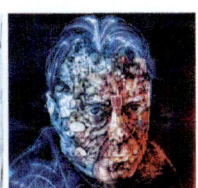

Takashiro Kimura   *Javier Medellín Puyou*   *Jason Raish*   *Robert Palmer*

Aplicación práctica

Si tuviera que realizar una ilustración técnica tridimensional animada de un teléfono móvil por piezas, ¿cómo procedería? ¿Qué técnica o medio sería el más adecuado para su representación?

SOLUCIÓN

En primer lugar hay que familiarizarse con el producto que se va a representar, por tanto se debe disponer del propio aparato para desmontarlo y conocer las formas que tiene cada elemento e investigar su funcionamiento.

La técnica más adecuada es la infografía 3D ya que permite en muchos casos crear animaciones como es el caso del programa 3dStudio Max.

Se deberían tomar las medidas de cada pieza y por supuesto conocer el funcionamiento del *software* para construir y modelar cada parte del móvil. Los programas 3D trabajan con las tres coordenadas de representación (X, Y y Z) y eso permite poder visualizar los objetos en todas sus dimensiones.

6. Técnicas para trabajar con varias imágenes

Cuando se tiene que trabajar con diferentes imágenes para un proyecto de diseño las técnicas o maneras pueden ser muy variadas, aunque realmente lo importante es captar con ellas la atención del espectador transmitiendo claramente el mensaje. Hay que tener siempre en cuenta que a la hora de explorar una página web, una revista, folleto o catálogo se tiende a observarla siempre en un orden de visualización de izquierda a derecha y empezando por arriba. La mirada irá dando saltos de imagen a imagen antes de empezar a leer la información escrita. Debe impactar y proporcionar al lector un resumen gráfico rápido que provoque interés para que se adentre en la lectura.

El cerebro humano tiende a colocar los elementos visuales basándose en referencias conocidas, es decir, a través de la experiencia previa, y hay unos factores que influyen en esa percepción que se reúnen en la conocida *Psicología de la Gestalt.*

6.1. La psicología de la Gestalt

Está compuesta por teorías de la percepción visual que desarrollaron psicólogos alemanes en la década de los años 20 e intenta explicar cómo se tiende a organizar los elementos en grupos o totalidades unificadas. Los principios de la *Gestalt* son los siguientes.

La proximidad

Se tiende a crear grupos con los objetos donde se ve una cercanía muy marcada entre ellos.

En la imagen el cerebro percibe 3 grupos de objetos antes que los 27 elementos que aparecen en la composición, ya que normalmente se agrupan por su cercanía

La semejanza

También se agrupan todos aquellos objetos semejantes o parecidos.

Se puede apreciar cómo se visualizan los grupos de elementos por colores semejantes percibiendo líneas horizontales y verticales

La continuidad

Al repetir objetos de una manera continua la percepción le da una interpretación significativa.

Los puntos crean una continuidad en una
dirección y se perciben como un solo elemento

La simetría

Las imágenes simétricas también se perciben como un solo elemento.

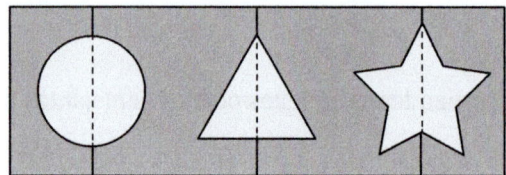

Las imágenes simétricas se perciben como un todo unificado

Relación figura-fondo

La combinación de figura y fondo hace percibir estos elementos por separado, ya que el cerebro no prescindido puede interpretar un objeto como figura o fondo al mismo tiempo, aunque se puede tener la percepción contraria y reconocer el fondo como figura. Es un efecto muy habitual en los juegos de positivo/negativo.

La ilusión óptica se produce cuando se perciben formas reconocibles y se separa el fondo de la figura

La ley del cierre

La ley del cierre es cuando se tiende a rellenar una información inexistente para completar la visión física que tiene la retina. La mente humana organiza lo que percibe de la manera más simple y coherente, dando preferencia a formas completas, simétricas, ordenadas o continuas.

Los elementos sueltos que componen cada dibujo hacen que se interpreten como formas unificadas reconocibles, ya que inconscientemente se cierran estas formas para que tengan un sentido visual

 Actividades

10. Investigue sobre los principios de la *Gestalt* y recopile dibujos que ofrezcan ilusiones ópticas. Ponga a prueba a su familia o amigos para sacar conclusiones de las distintas sensaciones visuales que experimentan.

6.2. El diseño gráfico basado en los principios de la Gestalt

Las teorías de la *Gestalt* han sido un recurso de gran ayuda para componer imágenes en el diseño gráfico publicitario, el diseño de logotipos y actualmente también en el diseño web. Es necesario conocer estos principios para ofrecer al espectador, consumidor o usuario una coherencia en la distribución en las formas, imágenes o textos y que capten el mensaje que se quiere transmitir.

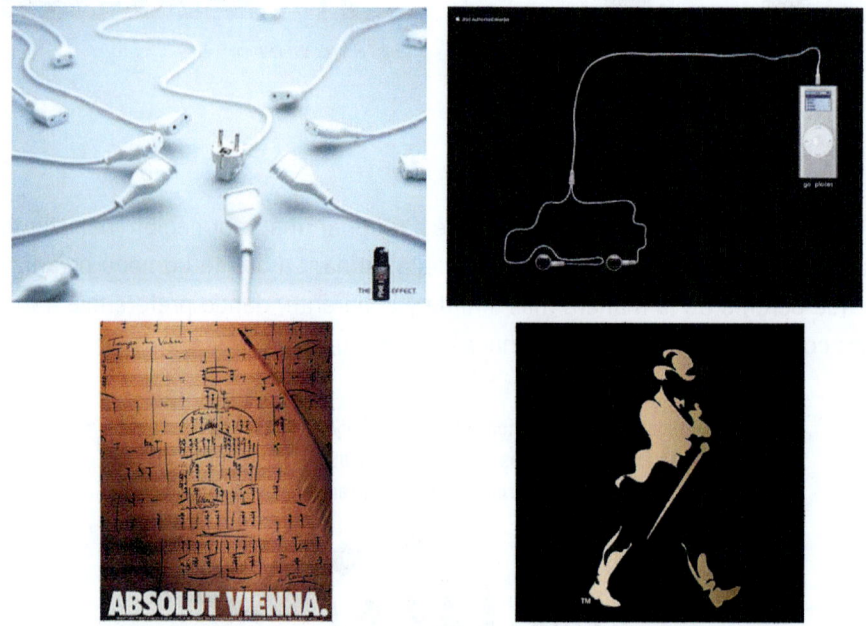

De izquierda a derecha y de arriba hacia abajo se puede apreciar cómo se aplican los principios de la Gestalt en estas publicidades: la semejanza, continuación, proximidad y cierre

En el diseño de páginas web los principios de la *Gestalt* están presentes muy a menudo para que funcionen con fluidez, supongan para los usuarios un manejo fácil y que estéticamente sean impactantes, atractivas y claras.

 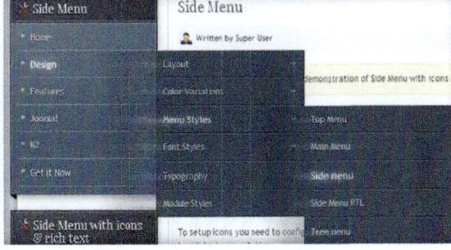

En la imagen de la izquierda el efecto desenfocado y la poca luminosidad de las formas permiten apreciar con claridad los textos (fondo/ figura). A la derecha se relaciona la continuidad de los menús que van apareciendo en una misma dirección

Recuerde

El diseño web trabaja combinando fondos con imágenes (relación figura/fondo), teniendo siempre presente los contrastes y colores (semejanza), la organización de los textos e imágenes (proximidad), creando barras de menús organizadas (continuidad), etc.

Aplicación práctica

Observe las cuatro imágenes siguientes. Son logotipos e ilustraciones vectoriales que transmiten mensajes gráficos. Explique la intención que ha tenido cada diseñador y qué leyes de la Gestalt relacionaría con ellas. Tenga en cuenta que puede encontrar más de uno de estos principios.

Continúa en página siguiente >>

<< Viene de página anterior

1

2

3

4

SOLUCIÓN

▌ Imagen 1: se aprecia un conjunto de formas que por su proximidad se reduce a una forma rectangular, y gracias a la semejanza de color negro de todos los pictogramas la figura anaranjada destaca visualmente sobre las demás marcando la diferencia. El mensaje de esta composición es reconocer precisamente eso, entre la multitud siempre hay personas que destacan.

▌ Imagen 2: el símbolo del logotipo del zoo de Pittsburgh es un claro ejemplo de relación fondo/figura. Se puede apreciar la forma de un árbol y los dos perfiles del gorila y la leona. Su mensaje es ver la variedad de especies que se pueden disfrutar en este parque dentro de un entorno natural.

▌ Imagen 3: el logotipo de la marca Unlimited Bike promociona el uso de la bicicleta. Está diseñado siguiendo el principio de continuidad mediante el símbolo infinito (unlimited) y relacionándolo directamente con las ruedas de este vehículo. También se utiliza la relación fondo/figura mediante el contraste para hacerlo destacar.

▌ Imagen 4: es el logotipo de un restaurante donde se mantiene una continuidad de fusión entre el código de barras y los espaguetis e intenta dar el mensaje de producto nacional italiano mediante ese código.

7. Técnicas de trabajo con tipografía

Los textos y sus tipografías son unos de los componentes más importantes a la hora de crear una composición gráfica. En toda publicidad hay, a parte de las imágenes, elementos textuales que son los que dan nombre al producto o empresa además de su contenido descriptivo. Hay que saber dónde ubicar, qué tamaño, color y qué fuente tipográfica utilizar en cada caso para que el mensaje se transmita satisfactoriamente sin problemas de visualización o de entendimiento.

Trabajar con textos tiene la ventaja de que son elementos vectoriales, es decir, se pueden redimensionar, editar y transformar a antojo y se pueden combinar con otras formas gráficas para dar resultados increíblemente originales. Sin embargo, se puede encontrar en ocasiones con la eterna duda de qué tipografía utilizar. Hay que evitar "lo mona que es" y elegir con sensatez la función que se le va a dar.

Al hablar de tipografía se hace referencia a las formas gráficas que se usan para expresar el lenguaje, es decir, las fuentes o tipos de letras de las que se puede disponer para trabajar cualquier escrito o composición gráfica.

Centrándose en las composiciones de diseño gráfico o diseño web hay que tener muy presente cómo utilizar los textos. Este proceso puede llegar a ser muy desconcertante sobre todo a la hora de tener que elegir una tipografía adecuada. Actualmente se dispone de una variedad interminable de fuentes tipográficas y seleccionar la más adecuada se convierte en una labor bastante difícil, así que hay que seguir unos criterios básicos para que los objetivos se cumplan satisfactoriamente.

 Actividades

11. El desarrollo de los tipos móviles de *Gutenberg,* inventor de la imprenta, fue el punto de partida de la tipografía actual. Investigue y descubra las innovaciones técnicas, los tipógrafos y los acontecimientos relevantes relacionados con este tema durante estos siglos.

7.1. Qué influye en la elección de la tipografía

Hay que tener en cuenta una serie de aspectos a la hora de elegir una tipografía:

- **El público.** El tipo de letra debe estar acorde con el perfil mayoritario de personas que van a visualizar el trabajo, no es lo mismo un público infantil, juvenil, adulto, tradicional, vanguardista, moderno, urbano, etc.
- **El mensaje.** Debe haber una relación directa del tipo de letra con el mensaje que se transmite, sus variantes pueden ir desde objetivos informativos, promocionales, humorísticos, infantiles, etc.
- **Las imágenes.** Si el texto va acompañado de imágenes se debe prestar especial atención al tipo o estilo de las imágenes para que se mantenga un estilo y equilibrio estético entre ellos.
- **El espacio.** Cuando hay mucho texto y poco espacio para ubicarlo se debe elegir una fuente sencilla, cómoda y clara de leer para que no canse al lector.
- **Los titulares y el párrafo.** Para los textos cortos, cabeceras o titulares se pueden usar fuentes más originales o creativas (según el mensaje que se pretenda dar), para los párrafos de contenidos hay que asegurarse de la legibilidad y que esa fuente disponga de cursivas, negritas, versalitas, números, eñes, acentos, etc. para no tener problemas de caracteres en el escrito.

En la publicidad de la izquierda se puede apreciar el equilibrio entre textos e imágenes y el buen contraste que mantiene, sin embargo, en la portada de la derecha, el contraste del fondo con la tipografía impiden una legibilidad cómoda y fluida

Actividades

12. Busque una publicación impresa cercana (revista, prensa, folletos publicitarios) y analice la estructura de las tipografías utilizadas y su coherencia estética. Haga una crítica sobre lo que le transmite.

7.2. Claves para conseguir un equilibrio tipográfico

En ocasiones se pasa por alto la importancia del tipo y estilo de letra en un diseño gráfico, sin embargo, elegir un modelo determinado dentro de una multitud de opciones exige un cuidado especial, principalmente por su comprensión visual, por tanto es aconsejable, antes de empezar a diseñar con tipografía, analizar ciertos factores que hay que tener presentes en todo momento.

1. En los textos de párrafo hay que controlar que el interlineado, la separación entre palabras, el ancho de columna o el tamaño de la letra funcionen de una manera equilibrada. Hay que ofrecer al lector una lectura fluida.

2. Hay que tener en cuenta siempre el contraste del texto con el fondo para que no se pierda la claridad de la lectura. El color que se utilice para el escrito también influye aunque haya buen contraste, por ejemplo, una extensa caja de texto amarillo o rojo costará mucho más de leer que los tonos oscuros, aunque sí se podrá utilizar para titulares o palabras sueltas de mayor tamaño.

3. No se recomienda utilizar más de dos tipografías en una composición, aunque si se saben combinar textos artísticos con palabras sueltas o frases cortas usando diferentes tipos de letras se pueden lograr atractivos y originales diseños con mucho dinamismo.

Muy lejos, más allá de las montañas de palabras, alejados de los países de las vocales y las consonantes, viven los textos simulados. Viven aisladas en casas de letras, en la costa de la semántica, un gran océano de lenguas. Un riachuelo llamado Pons fluye por su pueblo y los abastece con las normas necesarias.

Muy lejos, más allá de las montañas de palabras, alejados de los países de las vocales y las consonantes, viven los textos simulados. Viven aislados en casas de letras, en la costa de la semántica, un gran océano de lenguas. Un riachuelo llamado Pons fluye por su pueblo y los abastece con las normas necesarias.

Muy lejos, más allá de las montañas de palabras, alejados de los países de las vocales y las consonantes, viven los textos simulados. Viven aislados en casas de letras, en la costa de la semántica, un gran océano de lenguas. Un riachuelo llamado Pons fluye por su pueblo y los abastece con las normas necesarias.

Como se observa en las tres columnas de texto de la imagen solo la primera de ellas es la única que permite una lectura cómoda y continua

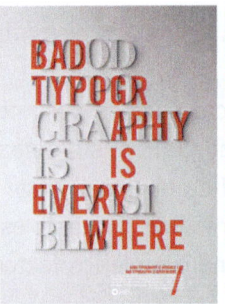

Ejemplos del uso de diferentes tipografías en diseño gráfico

Aplicación práctica

¿Cuál de los cuatro modelos que se ven a continuación cree que funciona mejor gráficamente y tiene más legibilidad? ¿Por qué?

1

2 GRÁFICO

3

4

SOLUCIÓN

El modelo 2 es el más funcional, es visible por el contraste del fondo gris con el texto blanco y la fuente tipográfica es clara y legible.

Continúa en página siguiente >>

<< Viene de página anterior

Los modelos 1 y 3 utilizan colores poco contrastados, los textos se llegan a entender pero no destacan sobre los fondos y pierden su visibilidad en la distancia.

El modelo 4 funciona bien en contraste, pero la fuente tipográfica utilizada en mayúsculas la hace ilegible.

 Actividades

13. Busque en internet páginas de descarga gratuita de fuentes tipográficas. Descubrirá en la red una variedad increíble de tipos de fuentes clasificadas por categorías. Haga una selección de las que más le llamen la atención e instálelas en su equipo para aplicarle diferentes usos.

8. Técnicas de dibujo de diferentes elementos

El dibujo, como se sabe, es una técnica de representación en dos dimensiones. Su presentación final será el resultado que ofrezca cada dibujante y su estilo será lo que los haga únicos, originales y comunicativos.

Cuando se dibuja digitalmente siempre prevalecerá la ventaja de poder transformar el estilo, los trazos, o colores en cualquier momento, ya que como se ha visto todo es modificable. Aún así, hay que tener siempre en cuenta que antes de empezar hay que planificar el trabajo y pensar qué se va a dibujar, cómo se procesará y cuál debe ser el impacto visual a transmitir. Al igual que cuando se coge un lápiz y se comienza a dibujar líneas para crear bocetos, se hará lo mismo cuando se utilicen los medios digitales, sea con ratón o con el estilete de la tableta digitalizadora.

8.1. Dibujo de elementos simples

Los dibujos de elementos simples se utilizan principalmente para diseño de logotipos, símbolos o pictogramas. A esta acción de simplificar formas o conceptos se la conoce como **síntesis gráfica** y con ella se consigue mucha más fuerza expresiva para dar una comunicación rápida y directa al espectador.

Los elementos más simples que se pueden utilizar son las líneas y los planos y ambos pueden ofrecer mucho juego a un dibujo reduciendo los detalles sobrantes, aunque el éxito del resultado dependerá de la capacidad de reducción del artista ya que debe deducir mediante la observación qué partes puede mantener y cuáles otras eliminar hasta conseguir comunicar un concepto de una manera clara y precisa.

Ejemplos de síntesis gráfica de animales

Según la técnica que se utilice para sintetizar se conseguirá un efecto visual diferente. Cada dibujante puede tener su propio método por lo que se pueden transmitir diferentes emociones con un mismo concepto.

Resultados diferentes de simplificación del mismo motivo

La simplificación de elementos se puede hacer mediante líneas o planos siempre y cuando se haya hecho un estudio previo de la morfología del objeto original y predominen las formas rectas o curvas o haya una clara estructura geométrica.

Las herramientas de dibujo vectorial son muy adecuadas para esta función ya que permiten cambiar grosores, estilos, direcciones y ofrecen una amplia variedad de formas, aunque el método tradicional con herramientas plásticas también es factible para este tipo de proyecto.

 Aplicación práctica

Una librería le propone diseñar un dibujo simple para hacer un sello con forma de libro abierto. Necesita que tenga líneas y planos para que se aprecie claramente la forma del libro al estamparlo. ¿Cuál sería su proceso de ejecución? Realícelo.

SOLUCIÓN

Ante todo, si no se tiene muy clara la forma de un libro abierto se recurrirá a un banco de imágenes para hacer la búsqueda de una fotografía para orientarse. Se elegirá la más adecuada para que, a la hora de simplificarla, no provoque confusión. Se trazarán las formas generales del libro con el programa vectorial habitual y se verá claramente que se puede limitar a tres formas simples: las dos páginas abiertas y el grosor. Incluso se le puede añadir el detalle del separador para hacerlo más completo. El resultado sería algo parecido a la imagen de abajo.

Proceso de la síntesis gráfica de elementos

 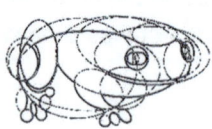 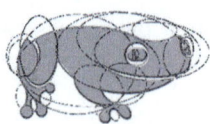 

 Actividades

14. Busque la imagen de un producto vegetal o frutal que destaque por sus formas lineales o curvas e intente hacer una síntesis gráfica de ese elemento, manual o digitalmente con su programa habitual.

8.2. Dibujo de objetos figurativos a escala

Un factor también importante a destacar cuando se trabaja con dibujos vectoriales, principalmente en 3D, es conocer su factor de escala, sobre todo cuando van a ser producidos o para hacerse una idea de sus dimensiones y proporciones.

La escala es la proporción que relaciona el tamaño del dibujo con su tamaño real, es decir, con el total del objeto y cada una de sus partes. En el momento que una de esas partes mantiene una proporción distinta al modelo se consideraría un objeto desproporcionado.

La escala es indispensable tratarla correctamente sobre todo en el diseño de objetos industriales, escaparatismo, diseño de interiores o cualquier tipo de arquitectura, ya que una mala aplicación puede afectar a su futura construcción o provocar ideas engañosas de su forma real. A la hora de imprimir un proyecto de estas características hay que incorporar en el documento una medida de reducción respecto al tamaño de impresión en el papel. Si 1 cm en el papel impreso equivale a 1 metro real del objeto (100 cm) habrá que indicar en la impresión E = 1:100. Esto quiere decir que el dibujo será 100 veces más pequeño que su tamaño real. Cuando se representan dimensiones mucho mayores la operación es similar. Si una medida en el papel ocupa una longitud máxima de 30 cm y su medida real son 300 m (3000 cm) se debería indicar la escala como E = 1:1000. Siempre simplificado. En caso de que el producto fuera más pequeño que su impresión en papel, por ejemplo, que su medida real de alto fuera 25 cm y en papel saliese a 50 cm, se indicaría E = 2:1.

En el caso de los proyectos bidimensionales de cartelería, folletos o maquetación hay que tener en cuenta principalmente el tamaño de impresión final, algo que se debe configurar desde el inicio del trabajo, sobre todo porque si se comienza a diseñar con documentos con escalas diferentes a su medida de salida de impresión es posible encontrarse con la sorpresa de que la imprenta haya ajustado el trabajo a las medidas indicadas y, por tanto, se desproporcionaría todo el conjunto de formas del proyecto, achatándolas o alargándolas, siendo el resultado un desastre visual nada parecido a la vista previa en pantalla.

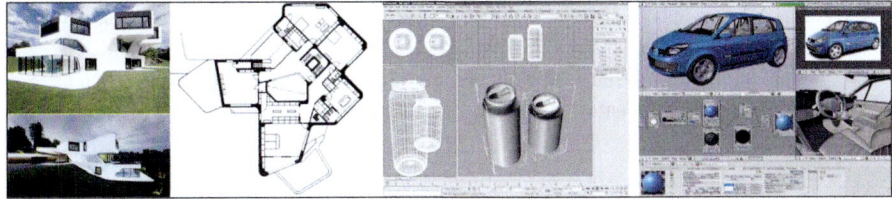

Ejemplos de representación y visualización de objetos con programas 3D

 Actividades

15. Elija un pequeño objeto que tenga a su alrededor, por ejemplo, un lápiz, una goma, un sacapuntas, etc. Mida su largo e intente deducir cual sería su factor de escala si lo reprodujese en un documento A3.

Si se realiza una composición con un tamaño al azar (imagen 1) y se debe imprimir ajustándola a un tamaño A4 vertical (imagen 2) u horizontal (imagen 3) se puede apreciar claramente la desproporción de la imagen, logotipo y texto

Actividades

16. Haga un documento nuevo en su programa de diseño con unas dimensiones equiláteras, por ejemplo 15 x 15 cm. Inserte algunas imágenes y escriba algún texto haciendo una composición equilibrada. Seleccione todos los elementos, cópielos y péguelos en un documento A4. Compruebe que al intentar adaptar los elementos a ese formato, todo a la vez, desproporcionará sus medidas. Pruebe a reubicar todos los componentes en formato horizontal y después en vertical para estudiar el equilibrio de composición de los mismos con documentos de diferentes orientaciones.

9. Impresión de maquetas

Cuando se planifica un proyecto gráfico se debe tener claro, sobre todo, las imágenes en mapa de bits que se insertarán en dicho proyecto, es decir, aquellas que se pueden conseguir en internet, del escáner o desde la cámara digital para insertarlas en la maquetación. Especialmente se debe conocer el concepto de la resolución de estas para que no surjan sorpresas.

Con las imágenes de vectores o los textos no habrá problemas, ya que al no estar compuestas por píxeles, no tienen resolución y son totalmente redimensionables.

Para saber cómo aparecerán las imágenes de mapa de bits hay que conocer las preferencias de visualización del programa que se utiliza, ya que aportarán una idea de la calidad final de impresión.

En los programas de maquetación como *Indesign* la opción de alta calidad ralentizará mucho el refresco de pantalla, pero si se quiere hacer una idea de su resolución se aconseja ir al menú **Ver/Previsualizar sobreimpresión** y se verá la calidad de las imágenes.

No se aconseja insertar imágenes de tamaños inferiores a su salida de impresión, ya que forzar el aumento de su tamaño original provocará pérdida gráfica visual de la imagen.

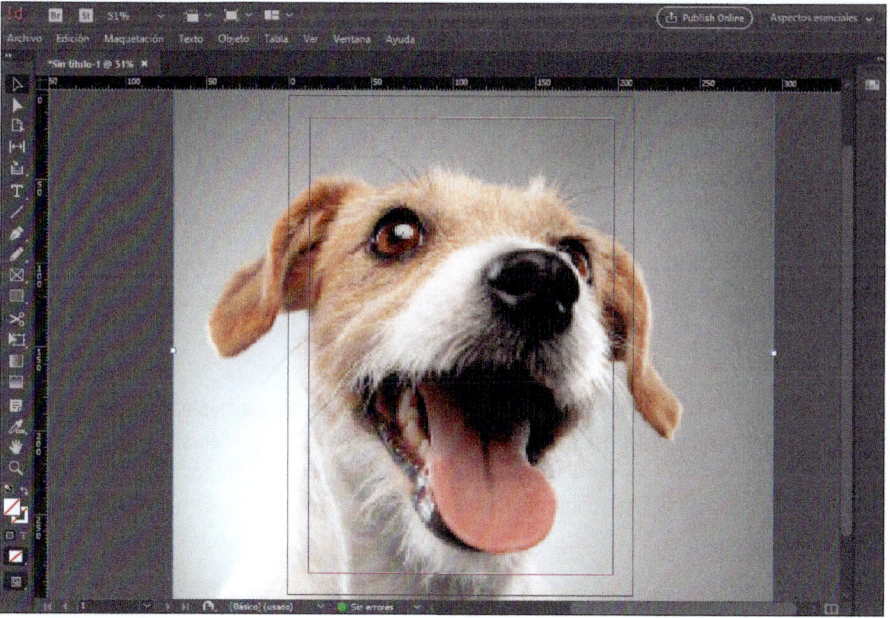

Continúa en página siguiente >>

<< Viene de página anterior

Arriba, una imagen en mapa de bits insertada en Indesign sin previsualizar la preimpresión, abajo, con la vista previa de preimpresión. Esta opción facilita apreciar la calidad de salida.

 Nota

Las imágenes originales insertadas en una maqueta deben ser suficientemente grandes para que se puedan usar a una escala mínima del 100 %. Si exceden su calidad para después imprimirlas a menor tamaño se aumentará inútilmente el tamaño de los archivos adjuntos y no se apreciará su alta resolución.

En cuanto a la impresión de la maqueta es conveniente hacer una conversión de las imágenes finales insertadas en mapa de bits en modo RGB al espacio de color CMYK, ya que este modo es el más fiable y se puede comprobar en la previsualización previa del programa de maquetación y así se evitaran cambios de color inesperados. Esta operación se puede realizar con las imágenes abiertas en *Adobe Photoshop* desde el menú **Imagen/Modo/CMYK.**

La *Suite* de *Adobe* con *Indesign, Illustrator y Photoshop* es la más utilizada profesionalmente para hacer las entregas de maquetas. La *Suite* está concebida para trabajar de manera fluida y obliga a tener estos programas abiertos a la vez si se necesita hacer alguna modificación. Desde el documento de maquetación se puede editar cualquier imagen original insertada, vectorial o de mapa de bits y cualquier cambio de forma o ajuste de imagen se aplicará directamente al trabajo de maquetación actualizando los vínculos que los une.

A la hora de enviar la maqueta a imprenta hay que tener presente las condiciones del taller. Es bueno preguntar qué tipo de formato y preferencias quieren recibir y facilitarles en todo momento las características de archivo a las que están acostumbrados a trabajar, sobre todo porque si tienen una configuración propia de impresión de color personalizada evitará discusiones sobre los resultados finales.

 Actividades

17. Busque en su entorno alguna imprenta o copistería y pregunte cuál sería el formato adecuado de archivo para imprimir un pequeño catálogo con imágenes y textos creativos. Según la respuesta, plantee cómo presentaría su trabajo.

Los archivos de salida o entrega a una imprenta, por ejemplo, para la impresión de un catálogo, pueden ser en formato PDF donde toda la información gráfica y los textos están incorporados y no tendrán posibilidad de una edición posterior mediante el programa de diseño, o también pueden pedir los archivos originales de maquetación donde se han colocado una multitud de imágenes vinculadas, además de haber hecho uso de diferentes fuentes tipográficas. Si este es el caso hay que adjuntar a la imprenta, junto al documento original de la maquetación y perfectamente organizados en carpetas, los archivos de imágenes insertadas a la calidad deseada con su nombre correcto para evitar problemas de carga de esos documentos. Las fuentes tipográficas también es conveniente añadirlas en otra carpeta adjunta, ya que si el ordenador de imprenta que recibe el documento de maquetación no dispone de las fuentes que se han utilizado en el trabajo asignará otra tipografía y podría cambiar toda la composición gráfica.

10. Relación entre las especificaciones entre el libro de estilo y la ilustración

En el diseño editorial se aconseja mantener unas normas de estructura, estilo, elementos, tipografía, retículas, etc. y todo esto se recopila en los llamados **libros de estilo.** Todo diseño de maquetación que se precie (revistas, periódico, libros, catálogos de productos, etc.) debe respetar unas normas para que la paginación, el formato y la composición general mantengan un orden y estilo común, es decir, que transmita una sensación de unidad.

Modelos de diseños de interiores de revistas publicitarias. La organización de sus elementos varía notablemente según la atención que se pretenda conseguir

Lo primero que se debe tener en cuenta es qué tipo de publicación se va a diseñar. No es lo mismo una revista científica que una revista de moda, por lo que sus composiciones no tendrán nada que ver, de igual manera, no es lo mismo un catálogo de productos que un folleto de ofertas.

10.1. Elementos de los libros de estilo

La estructura y elementos indispensables que hay que definir en los libros de estilo son los siguientes:

- **La retícula.** Es uno de los aspectos claves del diseño editorial y consiste en dividir el espacio en pequeños rectángulos para que sirvan de guías para la colocación del contenido. La retícula debe planificarse con sumo cuidado ya que el objetivo es facilitar la asimilación de la información. Un diseño óptimo de retícula genera una lógica o continuidad visual y funcional gracias al perfecto equilibrio de todo su contenido.
- **La plantilla.** Es la que determina las medidas y organización de los espacios, es decir, el ancho de columnas, tamaño del medianil, tipografía, color de titulares, contenidos de textos o la ubicación de imágenes y dibujos ornamentales. Normalmente las plantillas se diseñan a doble página para tener una visión más real de la revista como si estuviera abierta.
- **Elementos editoriales.** Los elementos principales que se encuentran en un diseño editorial o publicitario son los textos y las imágenes. Entre los textos se pueden encontrar titulares, subtítulos, bloques de textos, pies de fotos, *slogans*, formularios, cupones, etc. Las imágenes pueden ser fotografías, ilustraciones, espacios en blanco o logotipos.

Partes de una retícula

Margen

Medianil

Columna

Campo

Páginas de interior con diferentes diseños de retículas

10.2. Fotografías e ilustración en una composición editorial

Las imágenes en una composición editorial son las que aportan más información y hacen la comunicación más creíble. Las fotografías permiten ver las situaciones, personas y productos tal y como son. Hay que evitar en las fotografías información innecesaria para que no causen desinterés ni confusión.

Las ilustraciones llegan a ser tan eficaces como la fotografía. Representan estados anímicos gracias a las formas que se dibujen: las líneas rectas provocan sensaciones de seriedad, tecnología, formalidad, etc., las curvas transmiten suavidad, movimiento, etc. y las líneas angulosas son fuertes, direccionales, indican empuje, seguridad, etc.

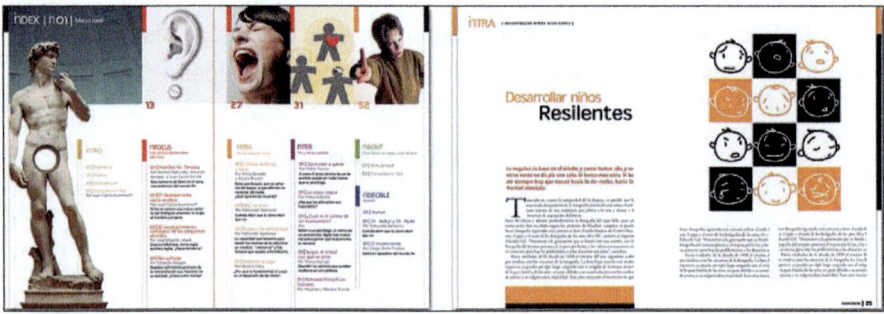

Imágenes e ilustraciones como contenido del diseño editorial

Por tanto, siempre se debe tener en cuenta que las ilustraciones en un diseño editorial, de cartelería o de páginas web no son elementos independientes, sino que forman parte de un todo y el objetivo principal de estas imágenes es comunicar y llamar la atención del espectador.

 ## Actividades

18. Recopile algunas revistas o folletos de ofertas promocionales, marque con lápiz la retícula que intuya en el diseño de esas páginas y observe la uniformidad del estilo general de cada caso.

Por otro lado, un elemento al que en ocasiones no se le da importancia es el espacio en blanco o espacio negativo de una composición. Es toda esa zona no manchada que queda sin imprimir y que puede acrecentar enormemente la comodidad de la lectura. Una página con pocos espacios blancos provoca saturación y es más difícil de leer.

Se observa como los espacios en blanco son también importantes a la hora de distribuir los elementos de una composición

11. Resumen

Es importante investigar acerca de todo lo visto en este capítulo, porque, como se ha podido apreciar, cada detalle o elemento de un diseño o de una ilustración por muy sencillo que parezca va a transmitir un mensaje. El desarrollo de símbolos o pictogramas mediante formas figurativas o abstractas serán referentes para la creación de cualquier logotipo comercial, ilustración o composición gráfica y siempre es aconsejable investigar sobre lo que se ha hecho anteriormente, es decir, estudiar la historia tanto de la ilustración como del diseño gráfico publicitario y buscar referentes que inspiren las creaciones.

Por otro lado están las técnicas de ilustración plástica y digital, conocerlas y utilizarlas abrirá un mundo de expresión gráfica increíble. Se pueden combinar todo tipo de técnicas y no limitarse al único uso de las tecnologías digitales.

Los medios plásticos tradicionales pueden expresar un estilo más personal que también se podrá digitalizar para dar un acabado más completo.

De todas maneras, esta producción gráfica no solo depende del estudio y conocimiento de los materiales. Existen unas normas o principios que hay que tener siempre presentes para lograr con éxito el trabajo, no se pueden ignorar y deben surgir de una manera lógica y funcional. Estos son los principios de la *Gestalt:* la combinación de figura-fondo, la composición mediante semejanza, continuidad o proximidad. Los diseños gráficos y maquetaciones están compuestos por formas, textos e imágenes, ubicarlos en el lugar correcto o elegir los colores o fuentes adecuadas para que cumplan su función de atención es algo que se debe tener en cuenta en cada diseño. Hay que pensar en todo momento en el público que verá estas creaciones, y para que reciban claramente el mensaje hay que guiarse por estas pautas.

Hacer ilustraciones o diseños gráficos supone tener claras las ideas y hacer que funcionen no es un camino fácil, pero cuando se consigue la satisfacción y orgullo personal es lo más gratificante que se puede obtener laboralmente.

Ejercicios de repaso y autoevaluación

1. **Relacione cada término con su imagen:**

a. Pictograma	
b. Símbolo	
c. Elemento figurativo	
d. Elemento abstracto	
e. Elemento realista	

2. **Indique si las siguientes frases son verdaderas o falsas.**

a. Los programas de dibujo vectorial son los más adecuados para el diseño de pictogramas.

☐ Verdadero
☐ Falso

b. Cuando se interpreta gráficamente un objeto real de una manera simplificada se denomina elemento abstracto.

☐ Verdadero
☐ Falso

c. Un pictograma tiene un grado de iconicidad alto.

☐ Verdadero
☐ Falso

d. La historia de la ilustración comenzó en el siglo XX.

☐ Verdadero
☐ Falso

e. Las técnicas digitales permiten hacer modificaciones de formas, cambio de color y manipulaciones de imágenes tantas veces como se quiera.

☐ Verdadero
☐ Falso

f. La ley del cierre es cuando se tiende a rellenar una información inexistente para completar la visión física que tiene la retina.

☐ Verdadero
☐ Falso

g. Los textos no se deben redimensionar en los programas vectoriales porque pierden calidad.

☐ Verdadero
☐ Falso

3. **Señale en qué dos categorías se pueden dividir las técnicas de ilustración.**

_____

_____

4. Sopa de letras. Encuentre seis técnicas de los medios plásticos de ilustración.

R	B	O	R	H	V	G	I	R	M	G	A	J
E	D	X	N	Y	E	R	A	S	R	E	C	O
I	A	T	I	N	T	A	S	O	U	Q	U	M
T	E	C	L	I	T	F	Z	L	A	O	A	B
I	L	B	N	R	A	I	S	F	O	L	R	V
Z	Y	Q	U	I	T	T	Z	R	A	U	E	N
A	P	C	A	R	B	O	N	C	I	L	L	O
S	D	E	J	R	S	A	E	V	U	R	A	M
M	G	O	U	A	C	H	E	J	O	G	S	P

5. Complete los espacios libres de las siguientes frases.

   a. La ilustración _____ está especializada en comunicación impresa para revistas o prensa.
   b. La ilustración _____ sirve de apoyo al texto en una narración.
   c. La ilustración _____ permite conocer el funcionamiento de las cosas.
   d. La ilustración _____ no está ligada a ninguna narración, simplemente surge de la imaginación del ilustrador.

6. Los *software* 3DStudio Max, Lightwave o Blender son programas específicos de...

   a. ... retoque digital.
   b. ... diseño gráfico bidimensional.
   c. ... diseño tridimensional.

7. **Sopa de letras. Encuentre cinco principios de la psicología de la Gestalt.**

C	L	Q	D	E	Y	C	L	Q	E	D	C	J
C	I	E	R	R	E	A	I	R	A	G	O	J
E	S	X	N	Y	E	R	A	S	C	E	N	O
I	A	T	I	N	T	A	S	O	U	Q	T	M
A	Y	C	L	Q	S	I	M	E	T	R	I	A
O	E	B	N	R	A	I	S	F	R	L	N	V
Z	C	Q	U	I	T	T	Z	R	E	U	U	N
S	E	M	E	J	A	N	Z	A	L	P	I	U
I	T	P	R	O	X	I	M	I	D	A	D	M
L	P	O	M	A	C	F	E	J	S	G	A	P
X	N	Y	E	R	A	S	C	E	D	R	D	J

8. **Cuando se tiende a crear grupos según la cercanía de los objetos se está basando en el principio de la Gestalt llamado de...**

    a. ... las cosas cercanas.
    b. ... la imaginación.
    c. ... la proximidad.

9. **El hecho de separar visualmente las formas de los fondos es el principio de...**

    a. ... relación amor/odio.
    b. ... relación figura/fondo.
    c. ... relación frente/espalda.

10. Enumere tres aplicaciones del diseño donde se utilicen las teorías de la Gestalt.

_____

_____

11. A parte del público y el mensaje, ¿qué otros tres aspectos influyen a la hora de elegir una tipografía?

_____

_____

12. Para que no se pierda la legibilidad de un texto se debe tener siempre en cuenta...

    a. ... que el texto tenga imágenes alrededor.
    b. ... el contraste de la letra con el fondo.
    c. ... que se escriba siempre en mayúsculas.

13. La acción de simplificar formas y conceptos se llama...

    a. ... sintaxis vectorial.
    b. ... sencillez evidente.
    c. ... síntesis gráfica.

14. Si se quiere escribir el factor de escala de un producto representado en un plano que tiene una altura real de 50 mm y en el plano se representa a 100 mm, ¿cómo se indicaría?

    a. $E = 1{:}2$.
    b. $E = 10{:}1$.
    c. $E = 2{:}1$.

15. Las normas de estructura, estilo, tipografía, retículas, etc. se recopilan en...

    a. ... el manual corporativo.
    b. ... los libros de estilo.
    c. ... los libros impresos.

Capítulo 3
Gestión de archivos gráficos

Contenido

1. Introducción

Los archivos gráficos son todos aquellos archivos que pueden almacenar información de imagen en mapa de bits o de vectores. Es muy importante saber cuáles son sus categorías, extensiones, usos, compatibilidades, ventajas e inconvenientes, ya que según el trabajo que se vaya a realizar y la salida que se les asigne se tendrá que saber cuál será el más apropiado para cada proyecto. Existen muchos tipos de archivos diferentes, algunos son propios del programa con el que se trabaja y puede que no sean del todo compatibles con la mayoría de visualizadores de imágenes, pero también se encuentran ficheros generalizados que sí permiten su visualización y tratamiento en casi todos los programas de uso gráfico, aunque puede que su edición esté un poco más limitada y en algunos casos pierdan calidad en su almacenamiento. Por tanto, se debe saber clasificar todos estos formatos gráficos para que no surja ningún problema a la hora de verlos, editarlos, imprimirlos o cuando se tiene que hacer algún intercambio mediante envíos.

Otro aspecto que hay que considerar a la hora de trabajar con archivos gráficos es su tamaño, sobre todo si se usan imágenes en mapa de bits, ya que estas son los que pueden incrementar notablemente el peso del archivo. A veces pueden ocupar mucho más de lo que realmente se necesita, de ahí que sea también necesario saber cuál utilizar y el tamaño que deben tener según el uso que se le vaya a dar. Por último, también es indispensable familiarizarse con el dispositivo de almacenamiento que se tiene que utilizar para cada caso, ya que los documentos gráficos siempre se suelen guardar en el disco duro del equipo, pero en ocasiones se debe enviar o transportar esta información físicamente.

2. Almacenamiento

Almacenar datos es la acción de guardar una información determinada en un dispositivo y hoy en día se dispone de una gran variedad de sistemas de almacenamiento para conservar los trabajos gráficos o proyectos.

Habitualmente se suelen almacenar los documentos en el disco duro del ordenador que se use con más frecuencia, sobre todo porque es la herramienta donde se produce el trabajo, por tanto, se necesita rapidez y capacidad de almacenaje. Sin embargo, a la hora de realizar copias de seguridad, transportar o archivar documentos siempre está la posibilidad de recurrir a diferentes tipos de almacenamiento.

Las diferencias que marcan a cada dispositivo son principalmente el coste, la capacidad, la velocidad de lectura y escritura, el tiempo de acceso, la compatibilidad y el tiempo de vida del soporte.

2.1. El disco duro

Es el dispositivo más rápido de acceso, lectura y escritura. Es el soporte que se utiliza comúnmente para guardar los documentos o archivos. Todos los ordenadores disponen de un disco duro local interno, aunque también pueden añadirse discos externos conectados por puertos de conexión como el *firewire* o USB. Los discos duros están compuestos por varios discos cubiertos por una capa magnética apilándose unos sobre otros, y la información se va guardando en unas pistas que el ordenador lee e interpreta. Mientras dura el proceso de trabajo con el ordenador es el medio más seguro de almacenamiento.

A la izquierda, disco duro local interno, a la derecha, disco duro externo de conexión USB

2.2. El CD y DVD

Son discos ópticos y no magnéticos que permiten un gran almacenamiento de datos y son bastante adecuados para transportar información. Al basarse en tecnología óptica no pueden sufrir daños electromagnéticos, por tanto son muy fiables para el almacenamiento a largo plazo, pero siempre y cuando se manipulen cuidadosamente, ya que son fáciles de rayar. En la actualidad, el almacenamiento de datos en CD y DVD ha disminuido mucho en popularidad debido al surgimiento de tecnologías más avanzadas, como las unidades en estado sólido (SSD) o los discos duros externos, de los que se ha hablado anteriormente.

Sin embargo, todavía hay ciertos casos en los que se utilizan estos tipos de discos ópticos para almacenar datos, sobre todo cuando se requiere alta durabilidad y portabilidad como para realizar copias de seguridad, o ámbitos creativos como la música o el cine. La capacidad estándar de los CD es de 700 MB y de los DVD va desde los 4.7 GB hasta los 17 GB, aunque sería la primera la más común.

Los discos ópticos son una opción bastante fiable para el almacenamiento de datos.

 Actividades

1. Analice la velocidad de lectura de un disco duro local magnético comparándola con un disco óptico. Pruebe a grabar un documento de imagen que tenga bastante peso en un CD o DVD y compare el tiempo que tarda en abrirse el mismo documento desde ambos soportes.

2.3. Tarjetas de memoria (memoria flash)

Este tipo de almacenamiento es el más común en las cámaras fotográficas, de video o teléfonos móviles. La información se puede volcar al ordenador mediante cable desde el dispositivo o mediante unos puertos lectores específicos que suelen traer muchos ordenadores. También existen lectores de tarjetas que se pueden acoplar al equipo por puerto USB.

Las tarjetas flash tienen la ventaja de que son de larga duración ya que la información se almacena en circuitos de memoria que quedan totalmente herméticos dentro de su carcasa, por tanto son resistentes, consumen poca energía, se pueden borrar y tienen buena capacidad de almacenamiento. Se puede encontrar una gran variedad de tarjetas de memoria: *Secure Digital* (SD), *CompactFlash* (CF), *Memory Stick* (MS) de Sony, *MicroSD, XD-Picture Card* (xD).

Ejemplo de tarjeta MicroSD y Lector de tarjetas externo (© Fotografía: Mehaniq / Shutterstock.com)

? Sabía que...

En estos últimos años el dispositivo de memoria flash ha ido creciendo en capacidad y en velocidad de transmisión e incluso se pueden encontrar modelos de tarjetas SD con tecnología Eye-Fi que permite la transferencia de información mediante una red Wi-Fi sin necesidad de usar un ordenador. Algunas tarjetas actuales llegan a almacenar hasta 2 Tb.

2.4. *Pendrive*/USB

Es un pequeño dispositivo portátil de almacenamiento compuesto por una memoria flash, igual que las tarjetas anteriores. Se conecta mediante un puerto USB y tiene la ventaja de que es muy rápido de lectura y escritura. La capacidad varía según el modelo y algunos pueden alcanzar una capacidad de hasta 1 Tb. Su pequeño tamaño, precio, durabilidad y capacidad hace de este uno de los dispositivos más utilizados actualmente para el almacenamiento y transporte de datos.

Los pendrives son los dispositivos de almacenamiento de datos más utilizados actualmente gracias a sus prestaciones y a la comodidad de su tamaño.

 Actividades

2. Busque entre sus CD o DVD de grabación la capacidad máxima que tienen de almacenamiento de datos y compárelos con la capacidad de la tarjeta de su móvil, cámara digital o *pendrive*. Comprobará que estos últimos dispositivos pueden llegar a superar notablemente la capacidad de almacenamiento y apreciará la comodidad y rapidez de su uso, grabando y borrando tantas veces como se quiera.

2.5. La nube

La nube es un servicio de almacenamiento para guardar datos o imágenes de forma remota en servidores conectados a internet en lugar de almacenarlos de manera local en dispositivos físicos como los mencionados en los anteriores epígrafes. Tiene la ventaja que posee la capacidad de sincronizar automáticamente los archivos entre diferentes dispositivos, además de poder acceder a los archivos desde cualquier dispositivo con conexión a internet.

Los servicios de almacenamiento en la nube que más se usan son *Google Drive, Dropbox* y *Microsoft OneDrive,* además de la plataforma *WeTransfer.*

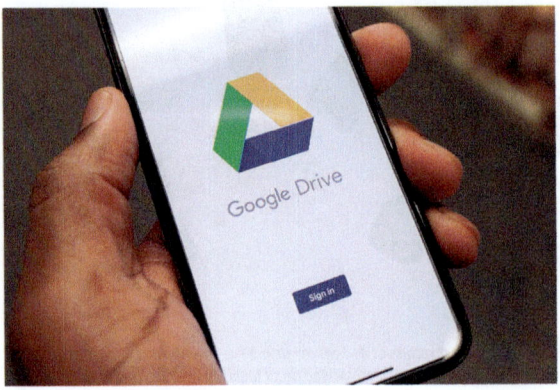

© *Fotografía: Rohane Hamilton / Shutterstock.com*

La aplicación de *Google Drive* se puede usar en la mayoría de dispositivos como ordenadores o *smartphones.*

 Aplicación práctica

Imagine que ha quedado en casa de un/a amigo/a para hacer el trueque de unos vídeos musicales que ocupan un total 5 Gb y no tiene conexión a internet. ¿Qué medio cree que sería el más rápido y útil para realizar ese intercambio de datos?

Continúa en página siguiente >>

<< Viene de página anterior

SOLUCIÓN

Antes de la visita se debe conocer los medios de almacenamiento de los que dispone y de la capacidad libre de esos dispositivos.

No se aconseja que se utilicen tarjetas de memoria flash ya que no todos los ordenadores disponen de lectores de tarjetas, ni todo el mundo tiene un lector extraíble. En el caso de no tenerlo debería llevarse junto a la tarjeta de memoria (si tiene capacidad de más de 5 Gb para que entre toda la información que se va a transferir).

No se podrá grabar un DVD común, ya que su capacidad de almacenamiento no supera los 4,7 Gb y menos aún un CD de 700 Mb.

La mejor solución es el almacenamiento en un *pendrive* o disco duro externo que tenga una capacidad libre de 5 Gb. Prácticamente hoy en día todos los ordenadores disponen de varios puertos USB, la información se transmite rápidamente, se evitará tener que extraer las tarjetas de la cámara o del móvil, se podrá borrar la información cuando se transfiera y se podrán grabar tranquilamente los vídeos que la persona entregue.

---

3. Formatos

En todo documento nuevo que se realice con alguno de los programas de tratamiento de imagen o creación de elementos gráficos se debe saber cómo y con qué extensión o formato hay que almacenarlo, ya que si se quiere seguir trabajando con él más adelante es conveniente que siga siendo totalmente editable, es decir, que se puedan modificar sus capas, formas, textos, máscaras, etc. Por otro lado está el archivo final de salida, o sea, el acabado del proyecto, por tanto se debe conocer también el formato más conveniente para enviar o imprimir. Se pueden clasificar los archivos y su formato de almacenamiento según su contenido.

3.1. Archivos de mapa de bits

En los programas que permiten el tratamiento de imagen en mapa de bits como *Adobe Photoshop* o *Gimp* siempre hay que tener en cuenta el tamaño del archivo, la resolución y su formato de almacenamiento. Si se crea o se abre un documento con unas dimensiones excesivas y con una resolución extrema, el archivo ocupará demasiado espacio en el dispositivo, aparte de lo que pueda ralentizar su edición. Por tanto se debe buscar el equilibrio entre calidad, peso final y compatibilidad entre plataformas y sobre todo, tener claro cuál es la finalidad de ese trabajo.

La resolución y calidad de salida la determina la cantidad de píxeles por pulgadas (ppp) que tiene la imagen al imprimirla o al verla en pantalla.

Si se crea un documento nuevo en *Adobe Photoshop* se tiene la opción de dar las dimensiones en cualquier unidad métrica: pulgadas, cm o mm. Estas opciones se utilizarán si se va a trabajar con un documento que más adelante se enviará a imprimir. En el caso de que se quiera crear una imagen para una página web o una presentación digital multimedia se tendrá que elegir la opción de una medida en píxeles, ya que estos son los que dan las medidas de resolución de pantalla.

La resolución determinará la calidad de la imagen e indicará cuántos píxeles hay en una unidad de medida. Una resolución estándar para una impresión de buena calidad es, por ejemplo, 300 ppp (118,11 píxeles/cm).

 Actividades

3. Marque en el panel de control de su ordenador la siguiente ruta: Apariencia y personalización/Pantalla/Resolución de pantalla. Podrá saber la resolución en píxeles de la pantalla. Pruebe a reducirla a 800 x 600 píxeles y podrá observar como todo aumenta de tamaño, ya que al haber menos resolución toda la interfaz se ajusta al número de píxeles que se haya configurado.

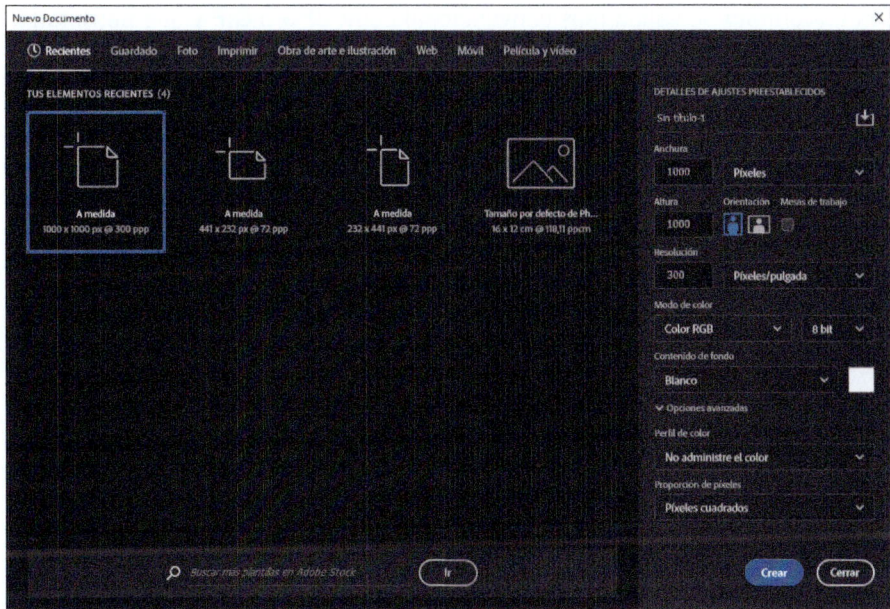

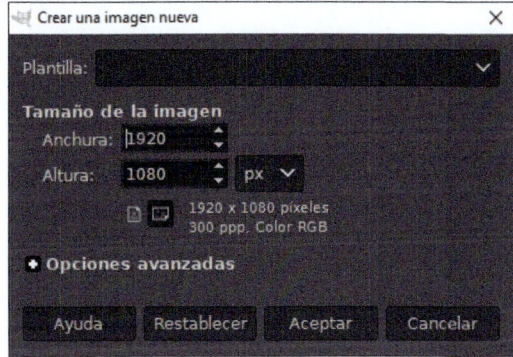

En Photoshop (arriba) y Gimp (abajo) las opciones de un documento nuevo son muy similares. Permiten configurar las dimensiones y la resolución.

Por otro lado, a la hora de guardar o almacenar un trabajo realizado con *Adobe Photoshop* o *Gimp* se encontrará una gran variedad de tipos de archivos, pero se aconseja tener en cuenta si se va a seguir trabajando con ellos más adelante. Los formatos propios de cada programa, **PSD** en *Photoshop* o **XCF** en *Gimp*, son los más adecuados para continuar editándolos, ya que respetan las capas, textos, formas, máscaras, etc. y no comprimen su acabado. El único inconveniente es que difícilmente se podrán visualizar en equipos que no dispongan de estos programas. Sin embargo, si se quiere guardar estos ficheros con un formato de salida más convencional como **JPG** o **GIF** y que permita su visualización final en otros equipos se puede elegir directamente esta extensión en la opción **Archivo/Guardar como** o **Archivo/Exportar.**

Un documento que mantiene su edición como el formato PSD o XCF aumentará su peso debido a las propiedades de su formato.

Otro formato abierto a imágenes con píxeles sin pérdida de información y que no es propio del *software* utilizado es el formato **TIFF** *(Tagged Image File Format),* totalmente compatible en los sistemas operativos de *Windows* e IOS. Soporta dibujo de líneas, modo en escala de grises, RGB o CMYK y también almacena las propiedades aplicadas en los programas de edición como la edición de capas, canales, máscaras, etc. Tiene la ventaja de que en su almacenamiento no se producen pérdidas, aunque esto provocará que aumente su peso final.

El archivo **EPS** *(Encapsulated Postscript)* es uno de los formatos con más versatilidad, ya que gestiona tanto gráficos basados en píxeles como en gráficos vectoriales. Cuando se abre un documento EPS vectorial en *Adobe Photoshop* o *Gimp* la imagen se rasterizará, es decir, convertirá los vectores en mapa de bits, por tanto es aconsejable dar al documento unas dimensiones y resolución adecuada para que no pierda calidad de salida.

Configuración de rasterizado EPS de un documento vectorial en Adobe Photoshop a 300 ppp.

El archivo **JPG** *(Joint Photographers Experts Group)* es uno de los más conocidos porque se utiliza para la compresión de imágenes consiguiendo pocas pérdidas visibles y porque es el más empleado en las cámaras fotográficas digitales. Son los más utilizados en la transmisión vía web. Sin embargo, hay que tener en cuenta cuando este formato va a ser el definitivo, porque cualquier edición o modificación puede sufrir pérdidas de calidad.

El formato **BMP** *(Bitmap)* es un formato estandarizado del sistema *Windows* que principalmente se utiliza como imágenes o elementos insertados en programas de ofimática *(Microsoft Word* o *Excel).*

Los archivos **GIF** *(Graphic Interface Format)* creados por la empresa *Compuserve* se utilizan principalmente para insertar en páginas web, mantienen un modo de color indexado máximo de 256 colores y permite guardar transparencias y hacer ciclos animados, pero no es demasiado apto para proyectos gráficos de impresión por su baja calidad cromática.

El formato **PNG** *(Portable Network Graphics)* es prácticamente un sucesor del GIF pero de uso libre, mantiene también transparencias y es 100 % compatible para la web, y aunque no sirve para imágenes animadas, sí permite gestionar imágenes en RGB, es decir, tiene menos pérdidas de información.

Actividades

4. Utilice su programa habitual de tratamiento de imágenes para abrir una fotografía con alta resolución. Investigue en el momento de guardarla la variedad de formatos disponibles.

3.2. Archivos de vector

Los archivos de gráficos basados en objetos se suelen almacenar común-mente en los formatos de imagen **EPS** o **PDF,** aunque también es habitual guardarlos con el formato propio del *software* que se utilice, como la extensión **AI** en *Adobe Illustrator* o **CDR** en *Coreldraw*. Otros archivos que se pueden encontrar basados en objetos vectoriales son **SVG, WMF** o **DXF.** Se utilizan por su compatibilidad con ciertas aplicaciones informáticas como *Autodesk CAD*.

Sabía que...

El primer programa de uso de objetos gráficos fue el Sketchpad, diseñado por Ivan Sutherland a principio de los años 60 para su proyecto de tesis y en el cual realizó un nuevo diseño de sistema mediante un lápiz óptico creando trazos. Fue el precursor de la programación basada en objetos.

Un archivo que únicamente contenga vectores en su contenido de compo-sición ocupará mucho menos espacio que los que lleven imágenes en mapa de bits insertadas, ya que se le sumaría el peso original de estas al documento final de almacenamiento aunque se trabajase con un programa de ilustración vectorial.

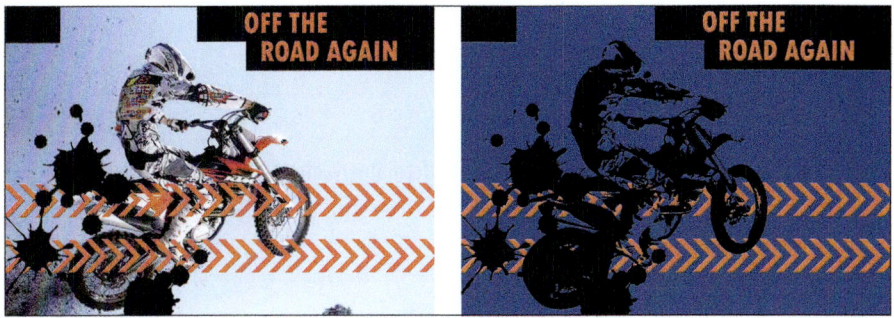

La inserción de imágenes en mapa de bits en documentos basados en gráficos vectoriales provoca un notable aumento de peso en estos archivos.

El formato **EPS** *(Encapsulated Postscript)* como uso vectorial es un archivo *postscript* que alberga gráficos basados en curvas. Es adecuado por su compatibilidad con todos los programas, aunque no permite crear páginas como en otros formatos.

El formato **PDF** *(Portable Document Format)* no es un formato gráfico, sino que tiene la ventaja de almacenar documentos con imágenes de mapa de bits o vectoriales, mantiene el formato de los textos y permite contener páginas. Se le suele dar mucho uso a la hora de realizar entregas de maquetación, cartelería o ilustración gráfica vectorial.

El formato **AI** *(Adobe Illustrator)* es el formato vectorial para *Adobe Illustrator.* Este permite insertar y trabajar imágenes en mapa de bits y en las últimas versiones se pueden integrar múltiples mesas de trabajo o páginas permitiendo así una salida de archivo más completa. Es compatible con todos los programas de la *Suite Adobe* facilitando de esta forma el trabajo entre programas.

El formato **CDR** *(Coreldraw)* es el formato propio de las aplicaciones vectoriales de *Coreldraw,* también admite la inclusión de imágenes en mapa de bits y junto al formato AI de *Illustrator* es de los archivos con más posibilidades para gestionar páginas y los modos de color para gráficos. La única desventaja es su falta de compatibilidad con el resto de aplicaciones gráficas. Este formato solo puede editarse con el propio programa *Coreldraw.*

Actividades

5. Haga una búsqueda en internet de tipos de formatos vectoriales y clasifíquelos según su uso comparando sus prestaciones.

4. Envío de los archivos de ilustraciones mediante distintos sistemas asegurando la calidad del envío

En diseño gráfico o con trabajos de preimpresión lo que puede producir un gran número de problemas suelen ser los proyectos mal preparados, desorganizados o incompletos, por tanto es conveniente hacer un chequeo o *preflight* de todo lo que debe ir en la entrega y que los parámetros sean los correctos.

Cuando se guardan los archivos de imagen en el dispositivo habitual de almacenamiento se deben tener presentes los medios de envío, por ejemplo, si se trabaja vía internet y el cliente o la imprenta tiene que recibir el encargo rápidamente por un medio sencillo de descarga, se buscará la forma de entrega sin que el trabajo pierda calidad, en el modo de color adecuado y según la cantidad de archivos, que sea fácil su descompresión.

4.1. Requisitos para asegurar envíos

Ante todo hay que asegurarse de que el tipo de formato de los documentos es compatible y admitido por la imprenta o cliente, por tanto se aconseja preguntar con anterioridad cuáles son los formatos de archivos más adecuados, aunque como ya se ha visto, seguramente no habría problemas con los más comerciales y habituales:

- Para **maquetación:** documento *Adobe Acrobat* (PDF), *Adobe Indesign* (INDD), *Microsoft Word* (DOC) o *Windows Metafile* (WMF).
- Para **imagen mapa de bits:** imagen JPEG (JPG), *Bitmap* (BMP), imagen TIFF (TIF) o imagen *Photoshop* (PSD).

- Para **imagen vectorial:** documento *Adobe Illustrator* (AI), *Encapsulated Postscript* (EPS) o documento *Coreldraw* (CDR).

Por otro lado, antes del envío hay que verificar que las dimensiones del documento también sean las correctas para el proceso de manipulado y/o encuadernación. Las medidas se indican al principio de empezar el trabajo y es conveniente tener clara la configuración del documento y respetar también las medidas para los márgenes, es decir, la franja exterior del papel que rodea la mancha impresa, ya que casi todos los trabajos de impresión requieren un corte o guillotinado final para dar el tamaño del documento.

Denominación de los márgenes de un documento gráfico

- Cruz de corte
- Sangre
- Margen de seguridad
- Tamaño de papel
- Tamaño del corte

Las **cruces de corte** indican los puntos horizontales y verticales por donde se va cortar el documento.

La **sangre** es el espacio de prolongación de la imagen de fondo si se quiere que esta aparezca hasta el mismo borde del corte del papel. Suele tener una ampliación de 3 mm como mínimo. Si no se prolongan estas imágenes o fondos es muy probable que una pequeña imprecisión de corte deje un filo blanco no deseable.

El **margen de seguridad** se crea para que no queden textos o imágenes al filo del corte del papel o corran el peligro de ser cortados.

En cuanto a las imágenes en mapa de bits o vectoriales que se insertan en el documento de maquetación o diseño gráfico, si se va a hacer el envío del trabajo original hay que tener en cuenta que en la mayoría de los casos estas imágenes están vinculadas al archivo original desde la ruta donde se localizaron y también están vinculadas por su nombre de archivo, por tanto es imprescindible que se almacenen en una carpeta todas estas imágenes y no se cambie en ningún caso los nombres de ninguno de los archivos ni de las carpetas donde se encuentran.

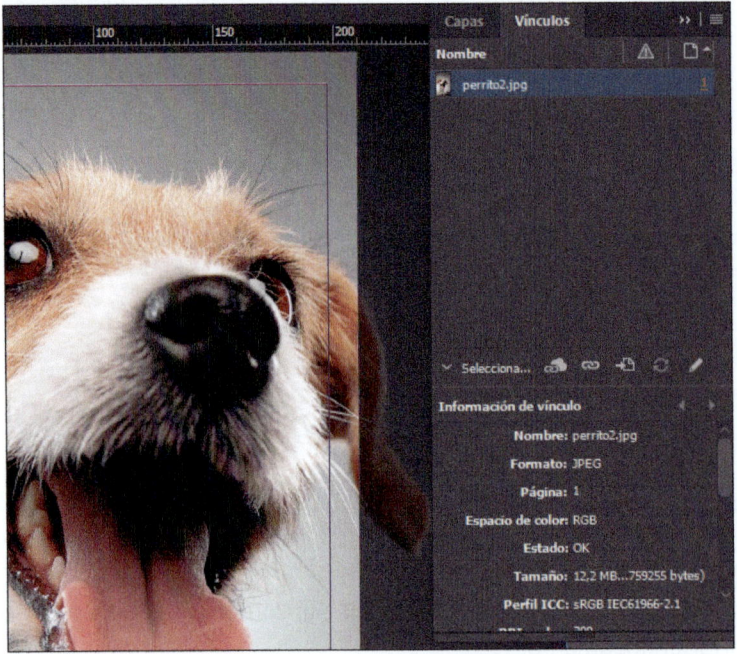

*Hay que asegurarse de que las imágenes estén correctamente vinculadas a un documento original de maquetación. Para ello, en Adobe Indesign se verán los vínculos en **Ver/Vínculos.***

Además, con las imágenes en mapa de bits, antes de su envío a imprenta, se debe tener presente que su resolución debe ser la apropiada para la impresión y sobre todo, el modo de color. Se aconseja que estén todas las imágenes a color convertidas al modo CMYK para que los colores se impriman correctamente. Esta operación se realiza desde un programa de tratamiento de imagen como *Adobe Photoshop* (menú **Imagen/Modo/CMYK),** sin embargo, otros programas como *Gimp* carecen de la función CMYK y necesitan para realizar esta conversión de color la instalación de un *plugin* llamado *Separate* que, una vez instalado, ofrecerá también la posibilidad de convertir al modo duotono, indexado, CMYK, etc.

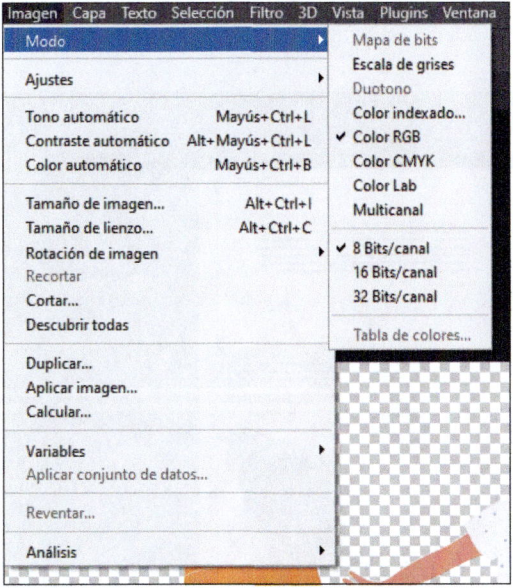

Menú de conversión de modo de color desde Adobe Photoshop

Si las imágenes son en blanco y negro se deben convertir al modo de escala de grises, no se deben dejar en CMYK porque la impresión tendría tonalidades de las demás tintas.

Las fuentes tipográficas son un componente también muy importante a la hora de hacer el chequeo del documento de envío. Si se han utilizado fuentes que no son habituales del sistema operativo, aunque se piense que son muy corrientes, se recomienda adjuntar estos archivos de fuentes junto al documento final en otra carpeta para que el lugar de destino no tenga problemas al cargar dichas fuentes. Otra opción es convertir estas fuentes a curvas o trazados y guardar así el documento, pero tiene el inconveniente de que el texto ya no será editable y no se podría hacer ningún cambio de contenido textual.

Por último, para terminar con el chequeo de entrega hay que asegurarse de eliminar los elementos que se han insertado pero que no se van utilizar en el trabajo y se han quedado fuera del área de impresión. Se ahorrará espacio en el disco y no creará confusión en el documento final. Hay que eliminar todos los elementos o acciones sobrantes, como las páginas de la maquetación que no han sido utilizadas, las capas ocultas o inactivas, etc.

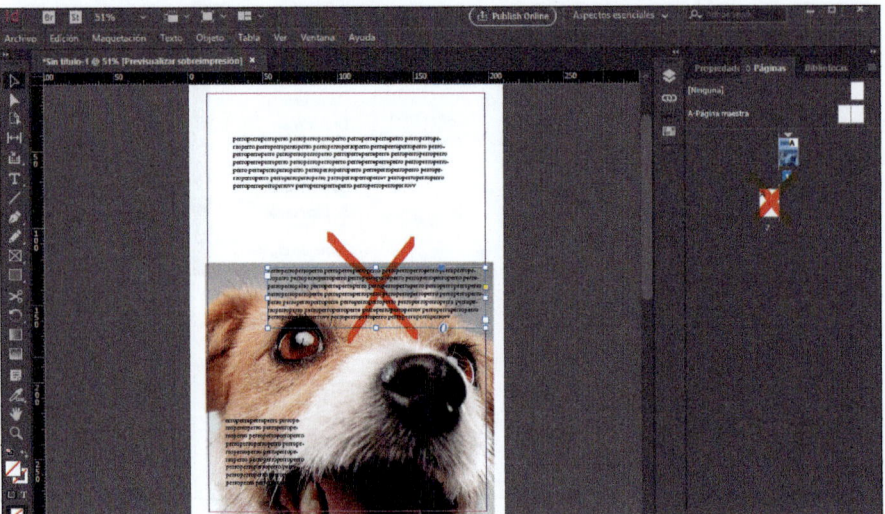

En la imagen, con cruces naranjas, se observan algunos elementos sobrantes de un documento de maquetación. Es conveniente eliminar todo lo que queda fuera de la hoja de impresión o elementos que no se quiera incluir finalmente, así como capas o páginas inutilizadas.

Consejo

No se debe enviar nada innecesario ni duplicado. Hay que ser ordenado y pulcro con el material de envío. Los ficheros deben estar bien organizados y almacenados en carpetas nombradas según su contenido.

Nota

En ocasiones es posible encontrarse con versiones diferentes del mismo programa y hay que informarse antes de realizar el envío de la versión con la que trabaja la imprenta o cliente. Las últimas versiones de los programas siempre abren los documentos realizados con versiones anteriores, pero si se intenta hacerlo a la inversa puede dar fallos y se pueden perder atributos del documento original.

Junto al envío de un proyecto gráfico también se conseja mandar una copia impresa del trabajo para que sirva de referencia de cómo debe salir su impresión final. Quien recibe el envío no debe llevarse sorpresas, ni debe considerar un misterio el aspecto que va a tener el trabajo. Viendo la copia impresa se pueden verificar las tipografías utilizadas, ubicación de las imágenes, tamaño de los márgenes, etc. En caso de que el envío se realice mediante intercambio de ficheros por la red se debería entonces imprimir un documento PDF del proyecto y adjuntarlo a la carpeta principal del envío.

Proceso por fases hasta la aprobación de la maqueta

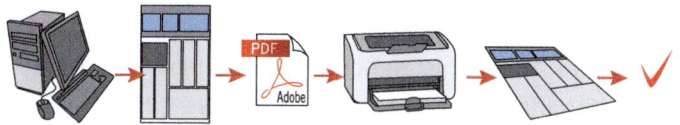

Los alojamientos de archivos en la red son otra opción para el envío de material. Son servicios que ofrecen algunas empresas como *Dropbox, Sugarsync, Mediafire, Skydrive, Wetransfer, Googledrive,* etc. En su mayoría son gratuitos, pero si se quiere transferir una gran cantidad de información de mucha capacidad no suelen admitir más de los 5 Gb, y si este fuera el caso, se tendría que contratar el servicio de pago. En el supuesto de que el envío se realice mediante un servicio de alojamiento de archivos *online* se recomienda que todas las carpetas se compriman en un único fichero para que al descomprimirlo todo quede como la planificación original.

Actividades

6. Busque en internet y entre en algunos servicios de almacenamiento de archivos. Analice su sencillez o dificultad de uso, la capacidad máxima gratuita que permite el envío y si es necesario registrarse o no. Saque conclusiones y ordene de mayor a menor la calidad de prestaciones que ofrecen.

4.2. Compresión y descompresión de archivos

Los gráficos y sobre todo las imágenes basadas en píxeles suelen ocupar demasiado espacio de almacenamiento en el ordenador y cuando hay que enviarlos por correo electrónico o por algún servicio de almacenamiento de archivos es importante reducir el tamaño del envío para que el tiempo de transmisión no exceda demasiado. Las imágenes se pueden comprimir de dos maneras: con o sin pérdidas.

Cuando se **comprimen con pérdidas,** realmente el ojo humano no suele apreciarlas a primera vista, pero la imagen pierde información principalmente en el color, es decir, elimina o cambia detalles de todo aquello que no se puede percibir, sin embargo, si se abusa demasiado de esa compresión será más evidente la pérdida y claramente apreciable para el ojo humano. El sistema de compresión con pérdida más utilizado es la compresión **JPEG,** cuya función es dividir la imagen por igual en bloques de 64 píxeles (8 x 8 px) y en cada uno de esos bloques se reduce la información de color o luminosidad para que el archivo ocupe menos espacio.

Este método de compresión es admitido por los formatos de imagen JPEG, TIF, PDF y EPS.

Alta   Media   Baja

Al almacenar un documento JPG a diferentes calidades se puede apreciar claramente la compresión de la imagen al aumentar la escala del zoom.

La compresión JPEG se determina a la hora de guardar la imagen desde un programa de tratamiento de imagen como *Adobe Photoshop* (menú **Archivo/Guardar como**) o *Gimp* (menú **Archivo/Exportar**).

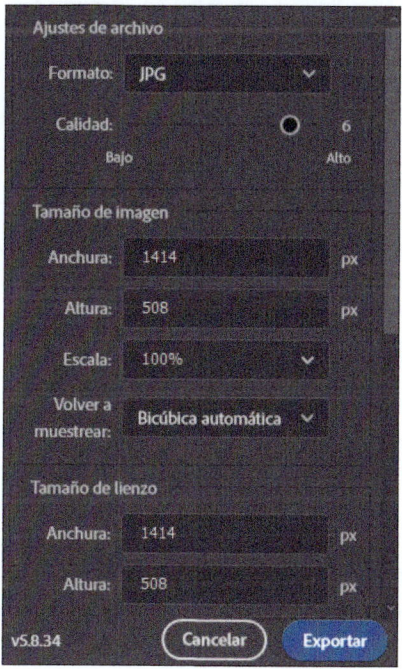

Continúa en página siguiente >>

<< Viene de página anterior

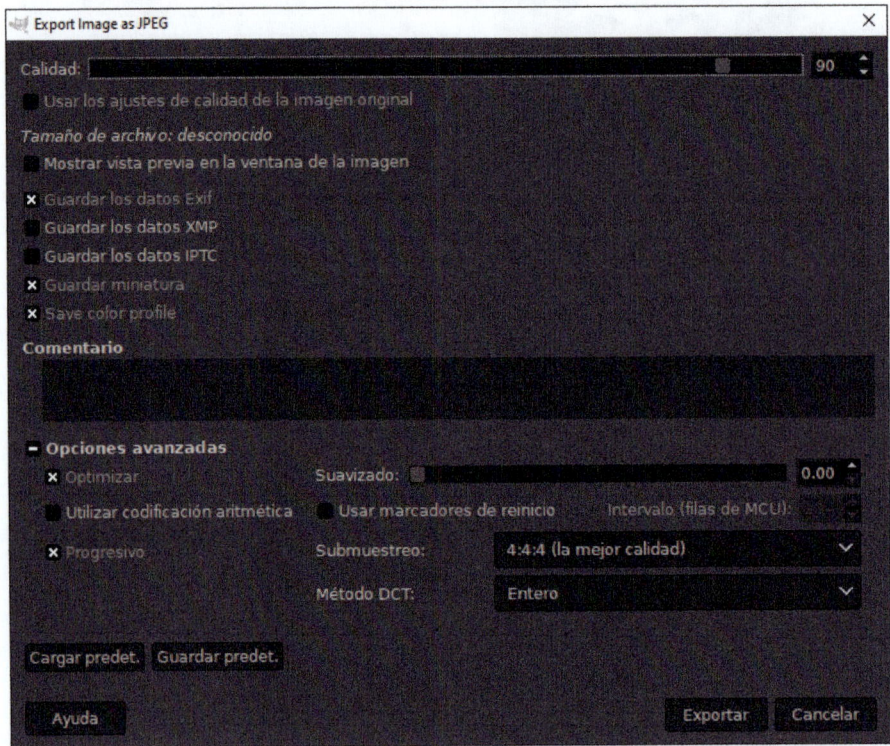

Arriba, menú de compresión JPEG desde Adobe Photoshop, abajo el menú del programa Gimp

 **Actividades**

7. Desde su programa habitual de tratamiento de imagen guarde una imagen de alta resolución en formato JPEG a diferentes calidades: baja (1), media (6) y alta (12). Abra a continuación los tres documentos y compare la reducción de color de cada imagen aumentando el zoom al 1.200 %. Podrá apreciar los bloques de compresión de 8 x 8 píxeles.

Por otro lado existe la **compresión sin pérdida.** Las más habituales son la compresión **LZW** (Lempel, Ziv y Welch) y la compresión **ZIP.** Ambas se utilizan para archivos tipo PDF o TIF y permiten gestionar documentos en modo de escala de grises, RGB o CMYK. Este tipo de compresión permite reducir el peso del archivo a casi la mitad, o incluso más si las imágenes presentan grandes áreas del mismo color y con la tranquilidad de que no van a perder calidad, aún así, suelen ocupar más espacio que los archivos comprimidos mediante el método JPEG.

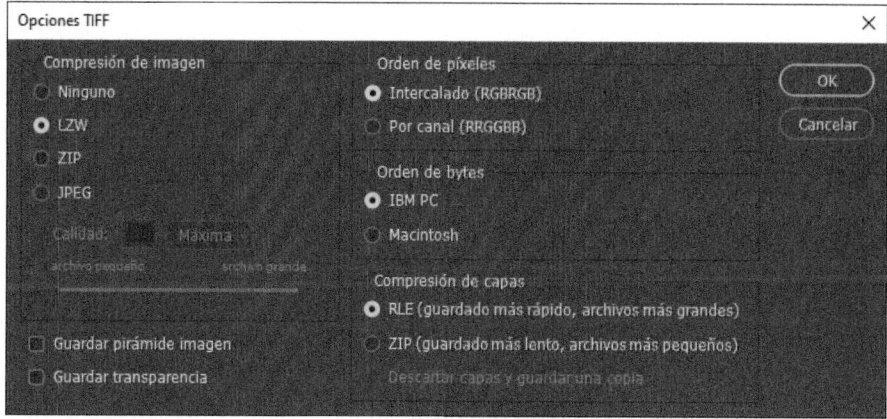

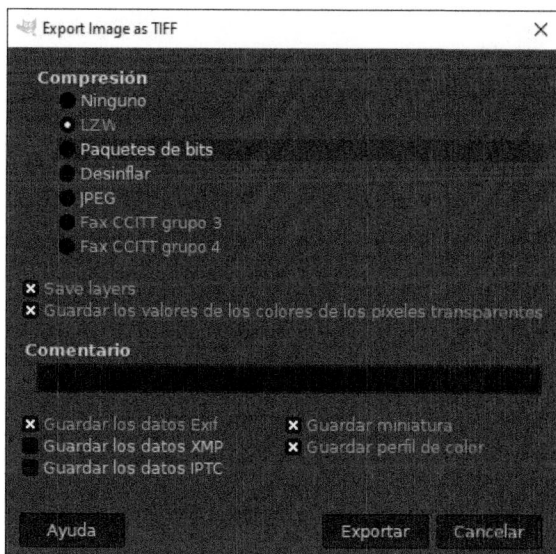

Arriba por la parte superior, menú de compresión de un archivo TIF desde Adobe Photoshop, abajo por la parte inferior, el menú que exporta el TIF con Gimp,

Por tanto, la compresión de archivos se utiliza para reducir el peso del trabajo y así facilitar la cantidad de almacenamiento y la rapidez del envío por internet.

En el mercado digital también se dispone de otra manera de comprimir los documentos que no es mediante el almacenamiento directo del documento desde un programa específico de tratamiento fotográfico. Es la acción de comprimir archivos e incluso carpetas sin que se corrompan, es decir, para que puedan volver a su estado original en el momento de descomprimirlos. Se puede comparar con una caja que almacena cualquier tipo de información: imágenes, textos, audio, vídeo, etc. y esa caja es el resultado de una codificación que comprime todo en uno para que ocupe menos espacio y su envío se limite a un solo documento donde toda la información quedará en su interior.

Para realizar esta labor se debe recurrir a programas de compresión de archivos, es decir, programas específicos para realizar esta función como son *Winzip, Winrar, 7Zip* o *Izarc.*

Para comprimir carpetas o archivos sueltos se puede hacer directamente desde el explorador de archivos, siempre y cuando se tenga instalado algún programa compresor. La simple acción de seleccionar esas carpetas o archivos permitirá acceder al compresor haciendo *click* sobre ellos con el botón secundario del ratón y aparecerán las propiedades de la compresión.

Visualización del menú de diferentes compresores cuando se activan los archivos o carpetas con el botón secundario del ratón.

Cada programa de compresión tiene su propio menú de propiedades para configurar la cantidad de compresión que interese, aunque se debe tener en cuenta que si los archivos ya de por sí están comprimidos por el método JPEG, LZW o Zip, por mucho que se quiera conseguir que ocupe menos espacio, el peso no variará demasiado y solo servirá esta compresión para facilitar el envío de varios documentos o carpetas en un solo archivo.

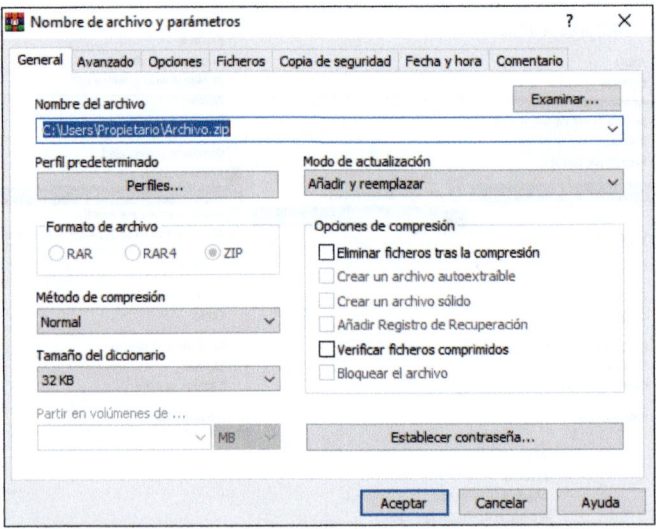

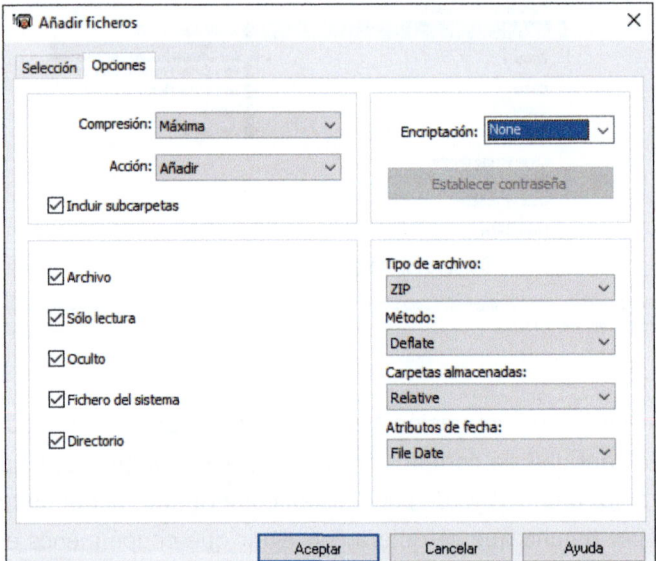

Menú de propiedades de configuración de dos programas compresores. A la izquierda, WinRaR, a la derecha, IZarc.

Actividades

8. Asegúrese de que tiene instalado en su equipo algún programa de compresión. Busque desde su explorador de archivos alguna carpeta de documentos que a su vez contenga subcarpetas dentro. Pruebe a comprimirlas en diferentes tamaños de compresión y compare el peso de cada archivo comprimido. Descomprímalo después en una ruta diferente y comprobará que el contenido será el mismo que el de la carpeta original.

Para descomprimir lo comprimido simplemente hay que seleccionar el archivo resultante de la compresión, habitualmente se reconoce por su icono y por las extensiones ZIP, RAR o CAB. Si se hace doble *click* sobre él se activará el programa de compresión que se tenga instalado en el ordenador y toda la información comprimida volverá a su estado original en la dirección o ruta que se indique, respetando la jerarquía de carpetas, nombres y calidad de los archivos originales. De ahí que sea conveniente que al trabajar, por ejemplo, una maquetación que necesita carpetas de fuentes, imágenes, pruebas en PDF, etc., además del archivo principal de edición, se pueda comprimir todo en un solo documento para envío, teniendo la garantía de que el destinatario lo recibirá y lo podrá descomprimir dejándolo todo en el mismo estado que cuando se envió.

Aplicación práctica

Le han encargado diseñar un catálogo de 40 páginas para una exposición de pintura y le han pedido que envíe por internet el documento original de maquetación para imprenta que pesa 700 Mb. ¿Qué pasos seguiría para llevar a cabo ese envío con éxito?

Continúa en página siguiente >>

<< Viene de página anterior

SOLUCIÓN

Uno de los programas de maquetación más adecuados para realizar el diseño de un catálogo es *Adobe Indesign,* que permite crear múltiples páginas con plantillas o retículas similares para todas ellas. El hecho de que el catálogo sea para presentar una exposición de pintura exige que se incluyan muchas imágenes de los cuadros que se exponen, por tanto se deben tener guardadas todas estas fotografías con la máxima calidad posible en una carpeta bien localizada junto al documento original de la maquetación. Los archivos de las fuentes que se hayan utilizado deben estar también almacenados en su propia carpeta y una vez que se verifique que el documento no contiene errores de vínculos ni de fuentes se debe comprimir mediante un programa de compresión *(Winzip, Winrar, Izarc, etc.).*

Se puede comprobar que todo está correcto descomprimiéndolo en una ruta diferente a la original y abriendo el documento de maquetación desde esa nueva ruta.

Para enviarlo vía internet no podrá hacerse por email, ya que el documento aunque esté comprimido pesa 700 Mb, por tanto se debe recurrir a un servicio de almacenamiento de los que se pueden encontrar en la red como *Dropbox, GoogleDrive, WeTransfer,* etc. Siguiendo todos estos pasos no deberían surgir problemas en la recepción.

4.3. Requisitos para el envío correcto de los textos incluidos en los archivos, conversión en trazados

En ocasiones los textos pueden provocar conflictos de carga o visualización en los documentos gráficos y esto es debido a que las tipografías quedan vinculadas directamente a los archivos de fuentes que estén instalados en el ordenador con el que se trabaja. Se pueden encontrar multitud de sitios web, gratuitos o de pago, para descargar fuentes tipográficas, de ahí que los estilos y diseños de letras que actualmente están en uso sean muy variados y prácticamente sea imposible que todos dispongan de las mismas fuentes en un equipo. El problema se encuentra en el momento de enviar un trabajo de diseño que incluye textos, ya que quien lo recibe debe tener también instaladas esas tipografías para que la visualización y posterior impresión sea la correcta.

Una solución para el envío correcto de documentos gráficos con textos es adjuntar los archivos de fuentes utilizados. Estos se pueden localizar en la carpeta **Fuentes** o **Fonts** de la carpeta del sistema operativo que utilice el ordenador.

Fuentes

El amanecer despunta en el horizonte.	The starry night brightens our dreams.	**The aroma of baking bread fills the air.**	Melodic rain bounces off the roof top.	Dazzling colors spray from the canvas.	**The fanfare of birds announces the morning.**	*Melodic rain bounces off the roof top.*
Bahnschrift 15 tipos de letra	Baskerville Old Face un tipo de letra	Bauhaus 93 un tipo de letra	Bell MT 3 tipos de letra	Berlin Sans FB 3 tipos de letra	Bernard MT un tipo de letra	Blackadder ITC un tipo de letra
A gentle moon lulls the child to sleep.	A campfire crackles as the children gather.	A gentle moon lulls the child to sleep.	Dazzling colors spray from the canvas.	A gentle moon lulls the child to sleep.	aáبBCĆDDFſFGG HHTfMmÑP	The aroma of baking bread fills the air.
Bodoni Bd BT 2 tipos de letra	Bodoni Bk BT 2 tipos de letra	Bodoni MT 11 tipos de letra	Book Antiqua 4 tipos de letra	Bookman Old Style 4 tipos de letra	Bookshelf Symbol 7 un tipo de letra	Bradley Hand ITC un tipo de letra
The fanfare of birds announces the morning.	**Melodic rain bounces off the roof top.**	*A gentle moon lulls the child to sleep.*	A campfire crackles as the children gather.	El canto de los pájaros recibe el alba.	The sound of ocean waves calms my soul.	Your presence might be invaluable.
Britannic un tipo de letra	Broadway un tipo de letra	Brush Script MT un tipo de letra	Caladea 4 tipos de letra	Calibri 6 tipos de letra	Californian FB 3 tipos de letra	Calisto MT 4 tipos de letra
El canto de los pájaros recibe el alba.	El sonido del océano apacigua mi alma.	El canto de los pájaros recibe el alba.	Splendid fireworks erupted over th...	A COOL SUMMER BREEZE...	A gentle moon lulls the child to sleep.	The fanfare of birds announces t...
Cambria 4 tipos de letra	Cambria Math un tipo de letra	Candara 6 tipos de letra	Carlito 4 tipos de letra	Castellar un tipo de letra	Centaur un tipo de letra	Century un tipo de letra
A gentle moon lulls the child to sleep.	The sound of ocean waves calms my soul.	The sound of ocean waves calms my soul.	A campfire crackles as the children gather.	Meteors created a sky-symphony of...	The aroma of baking bread fills the air.	The aroma of baking bread fills the air.

En Windows se accede a la carpeta de fuentes a través del menú de Inicio, en el Panel de Control.

Actividades

9. Entre en alguna página de descarga gratuita de fuentes, por ejemplo dafont.com. Busque una tipografía atractiva y descárguela en su equipo. En ocasiones se podrá encontrar que estos archivos llegan comprimidos, si es el caso, descomprímalo y copie el archivo de fuente a la carpeta Fuentes o Fonts de su equipo o pulse sobre el documento con el botón secundario del ratón y seleccione la opción Instalar. Podrá hacer uso inmediato de la nueva fuente desde cualquier programa de diseño o edición de textos.

Otra opción es **convertir los textos en trazados.** Los programas de maquetación o de diseño basados en gráficos vectoriales tienen la opción de hacer que los textos se conviertan en formas construidas a base de curvas. Una vez convertidos no se podrán editar como textos, serán trazados con forma de letras pero no se podrá acceder a las propiedades propias del texto. Sin embargo, no se aconseja que se conviertan a trazados párrafos demasiado extensos, ya que cada dígito escrito procesará demasiada información. Si el trabajo es un trabajo de maquetación con mucho texto y piden que se envíe el documento original, es mejor adjuntar el archivo de fuente utilizado.

Texto Texto

A la izquierda un texto convencional editable, a la derecha el mismo texto convertido en trazado. Estas cinco letras pueden llegar a editar casi 200 nodos.

Si trabaja con *Coreldraw* esta acción se llama **Convertir a curvas.** Se encuentra en el menú **Objeto** y para que se active debe tener escrito y seleccionado un texto.

CorelDraw convierte en trazados los textos mediante la opción Convertir a curvas

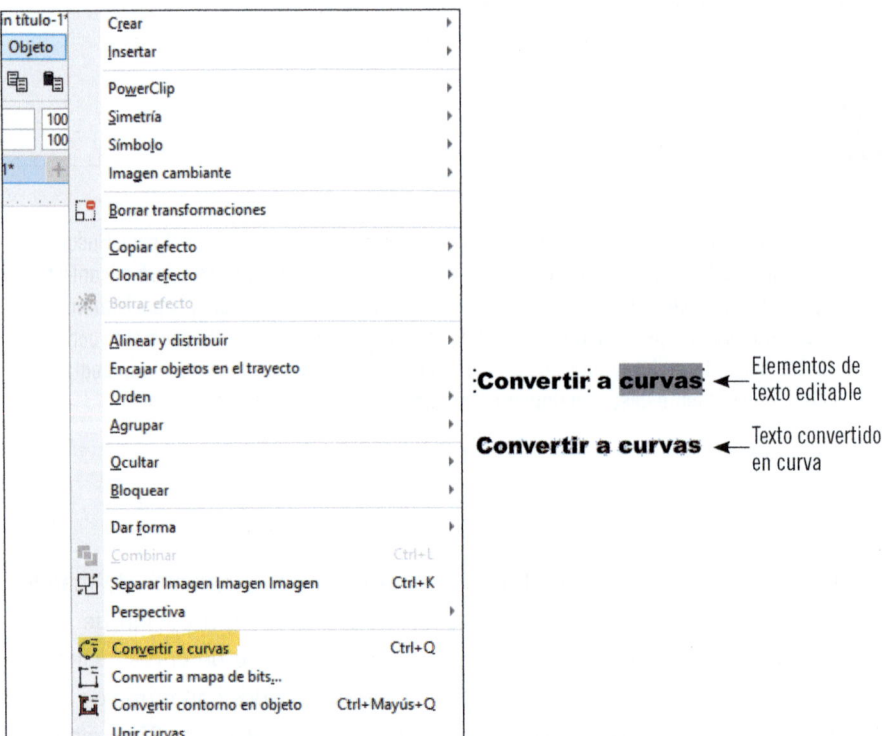

Si el programa habitual es *Adobe Illustrator* la operación de convertir en trazados se llama **Crear contornos** y se puede encontrar en el menú **Texto.**

Adobe Illustrator convierte en trazados los textos mediante la opción Crear contornos

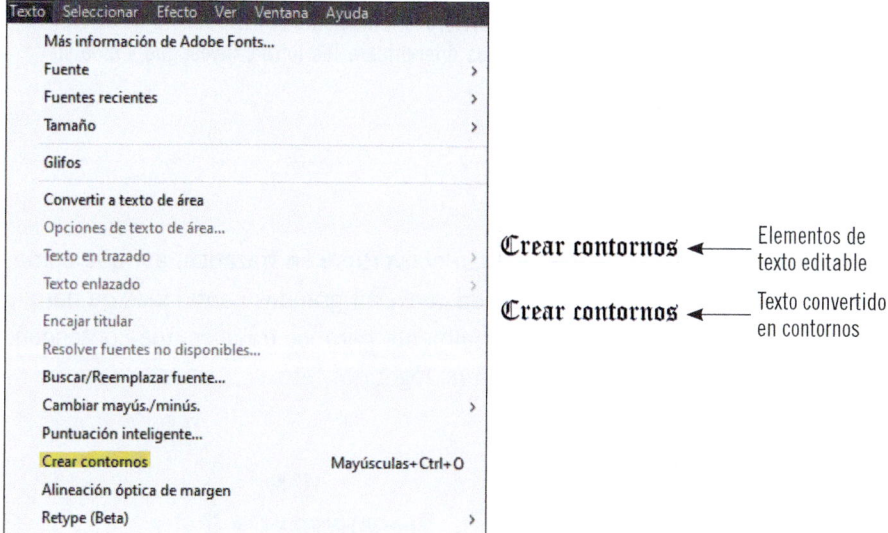

En el caso de *Inkscape* se puede convertir a trazados los textos desde el menú **Trayecto/Objeto a trayecto.**

Menú y resultado al convertir los textos en trayectos con *Inkscape*

Actividades

10. Los textos convertidos a curvas o trazados están compuestos de multitud de nodos. Puede probar a modificar esos nodos con las herramientas de selección directa *(Adobe Illustrator)* o la herramienta forma *(Coreldraw)* o mediante la herramienta de edición de nodos *(Inkscape)*. Puede dar formas diferentes a las letras. Investigue y cree su propia tipografía.

En general, todos los textos pueden convertirse en trazados, aunque como ya se ha comentado, no se recomienda convertir grandes cantidades de párrafos. Por tanto es bastante útil principalmente para los trabajos que contengan poco texto como los de cartelería, *flyers,* logotipos, etc.

<table>
<tr><td align="center">47,3 Kb</td><td align="center">172 Kb</td></tr>
<tr><td>"Lorem ipsum dolor sit amet, consectetur adipisicing elit, sed do eiusmod tempor incididunt ut labore et dolore magna aliqua. Ut enim ad minim veniam, quis nostrud exercitation ullamco laboris nisi ut aliquip ex ea commodo consequat.</td><td>"Lorem ipsum dolor sit amet, consectetur adipisicing elit, sed do eiusmod tempor incididunt ut labore et dolore magna aliqua. Ut enim ad minim veniam, quis nostrud exercitation ullamco laboris nisi ut aliquip ex ea commodo consequat.</td></tr>
</table>

En la imagen se puede observar la conversión a curvas de un pequeño párrafo. Contiene 6401 nodos y su peso de almacenamiento es bastante superior.

Recuerde

Los textos convertidos a curvas o trazados no podrán editarse, es decir, no se podría cambiar su tipografía, ni modificar ningún carácter con la herramienta de texto. Es conveniente tener guardada una segunda copia del documento sin tener aplicada esta conversión por si se tiene que modificar algún contenido más adelante.

De todas formas, si la imprenta o cliente pide que se realice el envío de un trabajo en formato PDF no será necesario preocuparse demasiado, ya que las versiones actuales de *Adobe Acrobat,* que permiten visualizar los documentos PDF, suelen incrustar las fuentes, pero siempre y cuando contengan una configuración del fabricante que lo permita. Siendo así, se respetarán los estilos de textos y será posible visualizar las fuentes originales sin que se sustituyan por otras. Esto se puede comprobar directamente desde el programa *Adobe Acrobat Reader* en el menú **Archivo/Propiedades/Fuente** que mostrará las fuentes utilizadas en el documento, indicando si están o no incrustadas. Por tanto, la conversión a curvas o trazados se aplicaría solo en el caso de que se tenga que enviar el documento original. Si no se conoce demasiado bien el origen de la tipografía utilizada, mejor prevenir convirtiéndola a trazado o adjuntando el archivo de la fuente al envío.

 Aplicación práctica

Imagine que ha diseñado con un programa basado en elementos gráficos vectoriales como *CorelDraw, Adobe Illustrator* o *Inkscape* el *flyer* que se muestra en la imagen de la izquierda. Sin embargo su imprenta lo ha recibido tal y como se muestra en la imagen de la derecha. ¿Qué cree que ha pasado? ¿Por qué han cambiado las fuentes? ¿Cómo lo podría haber solucionado?

Documento original

Documento recibido en la imprenta

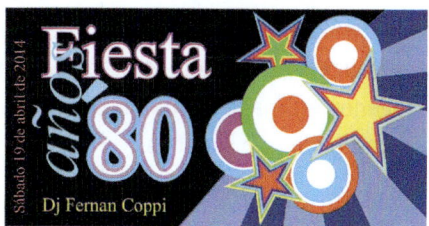

SOLUCIÓN

El documento que ha recibido la imprenta es el archivo original que se diseñó o un PDF que no ha incrustado las fuentes. Las tipografías insertadas no están trazadas o convertidas en

Continúa en página siguiente >>

`<<` Viene de página anterior

curvas, por tanto el equipo de la imprenta no debe disponer de las fuentes que ha utilizado y el programa de diseño ha adjudicado otras fuentes por defecto, ya que seguramente tampoco se le enviaron junto al archivo original.

La solución para evitar este tipo de conflicto es convertir todos los textos en curvas o trazados, así no habrá problema con la visualización. Al haber poco contenido de texto, no debe preocupar el peso del documento. Otra opción habría sido enviar en un archivo comprimido el documento original junto con las fuentes tipográficas.

5. Resumen

El trabajo de un diseñador gráfico no solo se limita a saber utilizar las herramientas de los programas de tratamiento de imagen o de diseño vectorial. Existe un mundo tras estos programas que es indispensable conocer. El almacenamiento de datos y todos los componentes de los que se dispone en la actualidad para poder guardar un trabajo son parte de la rutina diaria de un diseñador y es conveniente que se conozca y disponga de algunos de estos medios para que el almacenamiento o entrega no se vea interrumpida por la falta de recursos.

Por otro lado están los formatos de archivos. No hay que acostumbrarse a usar siempre los típicos formatos de almacenamiento, ya que cada uno de ellos está diseñado para cubrir unas necesidades determinadas para impresión y visualización. Se debe conocer y distinguir los que son más adecuados para imágenes en mapa de bits o para dibujo vectorial y saber las propiedades que ofrecen cada uno de ellos.

A la hora de hacer envíos de ilustraciones o maquetaciones hay que ser muy pulcro con el trabajo y principalmente ordenado, organizar toda la información que se requiere en carpetas, que su nombre haga referencia a su contenido, y no olvidar insertar todas las imágenes y dibujos vinculados al documento original, además de las fuentes tipográficas utilizadas en otra carpeta aparte.

Por otro lado, recordar que mediante los tipos de compresión de archivos se puede ofrecer la calidad deseada a las imágenes y con los programas de compresión se facilita el envío de todo el material agrupado en un solo documento que se podrá enviar mediante los servicios de almacenamiento.

Y por último, siempre se debe tener presente el envío de documentos con textos, ya que una mala gestión de las fuentes tipográficas puede provocar un caos en toda la composición final del trabajo.

Ejercicios de repaso y autoevaluación

1. **Relacione el tipo de almacenamiento con el dispositivo.**

   a. Tarjetas de memoria y *pendrives.*
   b. CD y DVD.
   c. Disco duro.

   __ Almacenamiento óptico.
   __ Almacenamiento magnético.
   __ Almacenamiento mediante circuitos de memoria.

2. **Complete los espacios libres de la siguiente frase:**

   La capacidad de almacenamiento estándar habitual de los CD es de _____ y la de los DVD de _____.

3. **El primer lugar de almacenamiento de las fotografías que se realizan con una cámara digital es:**

   a. El disco duro local.
   b. La tarjeta de memoria flash.
   c. El *pendrive.*

4. **Complete los espacios libres de la siguiente frase:**

   El *pendrive* es un dispositivo que está compuesto por una memoria tipo _____. Algunos tienen la capacidad de albergar de hasta _____ y se conectan al ordenador por un puerto _____.

5. **Indique si las siguientes frases son verdaderas o falsas.**

   a. La resolución básica estándar para una impresión de alta calidad es de 300 ppp.

      ☐ Verdadero
      ☐ Falso

b. El formato propio de almacenamiento de un programa, como el PSD en Adobe Photoshop o XCF en Gimp, son los apropiados para continuar editando un trabajo.

☐ Verdadero
☐ Falso

c. Uno de los formatos más conocidos que utiliza la compresión de imágenes con pocas pérdidas visibles, es el habitual del almacenamiento de las cámaras digitales, y se emplea para sitios web es el formato EPS.

☐ Verdadero
☐ Falso

d. Las medidas de impresión de un documento de diseño gráfico se insertan siempre al final de la realización del trabajo.

☐ Verdadero
☐ Falso

e. Las fuentes tipográficas utilizadas en un documento original de maquetación como Adobe Indesign se quedan incrustadas directamente en el documento y no es necesario adjuntar los archivos de fuentes en él.

☐ Verdadero
☐ Falso

f. Las fuentes convertidas en trazados o curvas se pueden volver a editar y cambiar sus propiedades de texto.

☐ Verdadero
☐ Falso

6. Crucigrama.

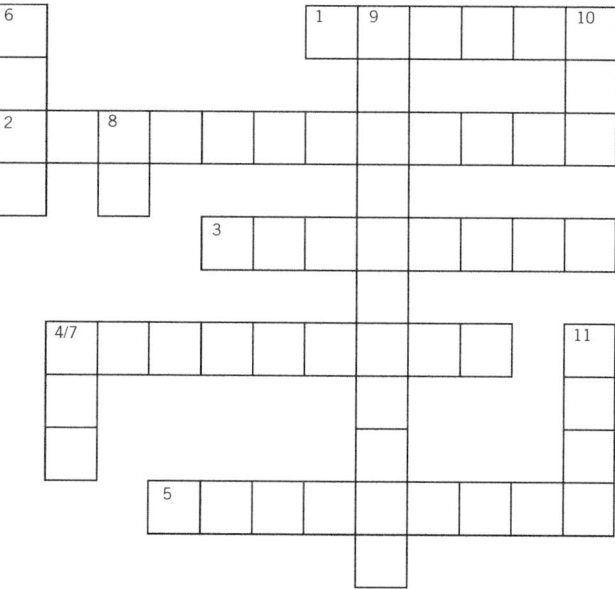

HORIZONTALES

1. Tipo de archivo de imagen de Windows que tiene el formato BMP.
2. Formato de imagen Postscript, abreviado como EPS, que gestiona tanto gráficos en mapa de bits como en vectores.
3. *Software* de uso gratuito basado en gráficos vectoriales.
4. *Software* basado en gráficos vectoriales de uso comercial que no pertenece a la Suite Adobe.
5. *Software* basado en mapa de bits de uso comercial que sí pertenece a la Suite Adobe.

VERTICALES

6. Sistema de compresión de imagen con pérdida más utilizado.
7. Formato propio de los archivos almacenados con el *software* Coreldraw.
8. Dispositivo óptico de almacenamiento de datos cuya capacidad no supera los 700 Mb.
9. *Software* basado en gráficos vectoriales de uso comercial que sí pertenece a la Suite Adobe.

10. Formato propio de los archivos almacenados con el *software* Adobe Photoshop.
11. *Software* de uso gratuito basado en mapa de bits.

7. Complete los espacios libres de estas frases:

    a. En una maquetación las líneas cruzadas que indican los puntos por donde se va a cortar el documento se llaman _____.

    b. La _____ es el espacio por donde se prolonga la imagen o fondo unos _____ como mínimo y hace que la impresión carezca de filos blancos al cortar el papel.

    c. Para evitar que las fotografías o textos queden al filo del papel o corran el peligro de que puedan ser cortados se suelen insertar en el documento de maquetación unos márgenes de _____.

8. De todos estos formatos ubique en cada casillero los que están basados solo en mapa de bits, en gráficos vectoriales y los que funcionan con ambos modos:

BMP, TIF, EPS, CDR, PSD, AI, JPG, GIF, PDF, SVG, PNG, XCF.

Solo mapa de bits	Solo gráficos vectoriales	Mapa de bits y gráficos vectoriales

9. Complete los espacios libres de estas frases:

El sistema más usual de compresión de imágenes con pérdida es _____, que divide la imagen en bloques de _____ píxeles, es decir, bloques cuadrados de _____ x _____ píxeles.

10. ¿Cuál es el formato intruso? Cuando lo encuentre, explique por qué.

    a. BMP.
    b. GIF.
    c. CDR.
    d. JPG.
    e. PNG.
    f. TIF.
    g. XCF.

_____
_____
_____
_____
_____

11. ¿Qué son *Google Drive*, *Dropbox* o *Microsoft OneDrive?*

    a. Marcas de discos duros locales.
    b. Programas compresores de archivos.
    c. Servicios de almacenamiento en internet.

12. ¿Qué son: Winzip, Winrar, 7Zip o Izarc?

    a. Programas de diseño basados en gráficos vectoriales.
    b. Programas compresores de archivos.
    c. Modelos de tarjetas de memoria flash.

13. Si se quiere descomprimir un archivo de extensión ZIP, ¿cómo se haría?

_____

_____

_____

_____

14. Para enviar correctamente un documento de diseño gráfico con textos, y que se visualice con seguridad en el lugar de destino, existen dos soluciones. ¿Cuáles son?

_____

_____

_____

_____

15. Complete los espacios libres de esta frase:

Se aconseja que las imágenes que se insertan en un documento de maquetación como Adobe Indesign estén convertidas al modo de color _____. En Adobe Photoshop se encuentra esa opción en el menú _____ / _____ / _____. En Gimp hay que instalar un plugin llamado _____.

Bibliografía

Monografías

❚ CALDAS, S.: *La paleta perfecta para diseño gráfico e ilustración. Combinaciones de colores, simbolismo y referencias culturales.* Barcelona: Hoaki Books, 2021.

❚ CUBEIRO, C.: *Manual de fundamentos del Diseño Gráfico: Fundamentos de la imagen gráfica y la comunicación visual.* Córdoba: Berenice, 2022.

❚ DABNER, D.: *Diseño Gráfico. Fundamentos y prácticas.* Barcelona: Editorial Blume, 2018.

❚ DALLEY, T.: *Guía completa de ilustración y diseño.* Madrid: Editorial Blume, 1999.

❚ DAWBER, M.: *El gran libro de la ilustración contemporánea.* Barcelona: Editorial Parramon, 2009.

❚ GAL, H., BRANDT, R., McCALL, J. y DANAHER, S.: *500 trucos, consejos y técnicas de ilustración digital.* Barcelona: Editorial Promopress, 2010.

❚ GÖTZ, V.: *Retículas para internet y otros soportes digitales.* Barcelona: Index Books S.L., 2002.

❚ JOHANSSON, K., LUNDBERG, P. y RYBERG, R.: Manual *de producción gráfica. Recetas.* Barcelona: Editorial Gustavo Gili, 2011.

❚ LIDWELL, W., HOLDEN, K. y BUTLER, J.: *Principios universales de diseño.* Barcelona: Editorial Blume, 2014.

▌ LÓPEZ, A. M.: *Diseño gráfico digital.* Madrid: Anaya Multimedia, 2019.

▌ SAMARA, T.: *Los elementos del diseño. Manual de estilo para diseñadores gráficos.* Barcelona: Editorial Gustavo Gili, 2008.

▌ SAMARA, T.: *El diseñador como chef.* Barcelona: Editorial Gustavo Gili, 2010.

▌ SEDDON, T.: *Imágenes. Flujo de trabajo digital para diseñadores gráficos.* Barcelona: Editorial Gustavo Gili, 2008.

▌ SIMPSON, I.: *La nueva guía de la ilustración.* Barcelona: Editorial Blume, 1994.

▌ WIEDEMANN, J.: *Illustration Now. Vol.4.* Madrid: Editorial Taschen, 2011.

▌ WILLIAMS, R.: *Diseño gráfico. Principios y tipografía.* Madrid: Anaya Multimedia, 2015.

▌ ZEEGEN, L.: *Ilustración digital: Una clase magistral de creación de imágenes.* Barcelona: Editorial Promopress, 2007.

Textos electrónicos, bases de datos y programas informáticos

▌ Adobe Illustrator. Ayuda y tutoriales, de:
<http://helpx.adobe.com/es/pdf/illustrator_reference.pdf>.

▌ Adobe Indesign. Ayuda y tutoriales, de:
<http://helpx.adobe.com/es/pdf/indesign_reference.pdf>.

▌ Adobe Photoshop. Ayuda y tutoriales, de:
<http://helpx.adobe.com/es/pdf/photoshop_reference.pdf>.

▌ Aulaclic, de: <https://www.aulaclic.es/index.htm>.

▌ Base de datos con tutoriales de diseño gráfico, de: <https://neoattack.com/blog/tutoriales-diseno-grafico-aprende-desde-basico-a-avanzado/>.

▌Ilustración creativa y técnicas de comunicación visual, de: <http://einailustracion.wordpress.com/>

▌Ilustración, diseño gráfico e impresión, de: <https://graffica.info/>.

▌Jaguar digital: píxeles, vectores, de: <https://www.jaguar.com.co/z_aprendizaje/tutoriales/>.

▌LogoArte: ¿Qué es la vectorización?, de: <http://www.logo-arte.com/vect4.htm>.

▌Manual Gimp, programa de manipulación de imágenes, de: <http://docs.gimp.org/es/>.

▌MedioTono Soluciones Gráficas: curso básico de serigrafía, de: <http://www.proveedoradelasartesgraficas.com>.

▌Técnicas de impresión, de: <https://www.pixartprinting.es/blog/tecnicas-de-impresion/>.

▌Técnicas de ilustración digital, de: <https://fcarracedo.wordpress.com/que-es-la-ilustracion-editorial>.

▌Tipografía en el Diseño Gráfico-Web, de: <https://seosve.com/tipografia/>.

▌Tutoriales diseño gráfico e ilustración editorial, de: <https://design.tutsplus.com/es/tutorials/what-is-editorial-illustration-how-to-get-into-it--cms-35776>.

▌Tutorial básico Inkscape, de: <http://inkscape.org/doc/basic/tutorial-basic.es.html>.